1861.

F

FACULTÉ DE DROIT DE POITIERS

DE L'USURE.

THÈSE

PRÉSENTÉE POUR OBTENIR LE GRADE DE DOCTEUR

et

SOUTENUE LE MERCREDI 19 JUIN 1861, A 2 HEURES 1|2 DU SOIR

DANS LA SALLE DES ACTES PUBLICS DE LA FACULTÉ

par

C.-F. AUBERT, né à Chaix (Vendée)

AVOCAT.

COMMISSION :

PRÉSIDENT,   M. Abel PERVINQUIÈRE ✠.

SUFFRAGANTS, { M. GRELLAUD ✠, Doyen,
M. RAGON,
M. LEPETIT,   } Professeurs.
M. ARNAULT DE LA MÉNARDIÈRE, Agrégé.

POITIERS
IMPRIMERIE DE A. DUPRÉ
RUE DE LA MAIRIE, 10.

1861.

28521

A MA FAMILLE.

A MES AMIS.

DE L'USURE

CHEZ LES JUIFS, CHEZ LES GRECS, CHEZ LES ROMAINS.

DE SON ORIGINE.

Le prêt à intérêt remonte à une très-haute anti-
quité dans l'histoire des peuples. Si nous recherchons son origine dans l'histoire de la formation des
contrats, nous pensons qu'il vint presque en dernier
lieu; il n'a pu naître qu'au sein d'une civilisation
déjà avancée, alors que les signes monétaires étaient
inventés; car, sans la monnaie, on ne comprend pas
qu'il puisse s'exercer régulièrement. Préciser l'époque de sa première apparition est chose impossible.
« Les conventions naissent d'un besoin, elles l'ex-
priment, elles le suivent, elles se modifient avec lui,
et se pratiquent longtemps en secret avant de se ré-
véler au grand jour (1). » Ce que l'on peut affirmer,
c'est qu'il florissait en Egypte avant l'émigration des
Hébreux ; car Moïse l'interdit au peuple de Dieu.

Sa législation portait : « Vous ne prêterez à usure
» à votre frère ni argent, ni grain, ni quelque

---

(1) MM. Delamarre et Lepoitvin.

1

» chose que ce soit, mais seulement aux étrangers. »
(Deuter.)

Le Lévitique reproduisait la même prohibition :
« Si votre frère est devenu fort pauvre et qu'il
» ne puisse plus travailler de ses mains ; si vous
» l'avez reçu comme un étranger qui est venu d'ail-
» leurs et qu'il ait vécu avec vous, ne prenez pas
» d'intérêt de lui et ne tirez pas de lui plus que
» vous ne lui avez donné. Vous ne lui donnerez
» pas votre argent à usure et vous n'exigerez pas
» de lui plus de grain qu'il n'en a reçu de vous. »

L'expérience avait sans doute appris au grand
législateur des Juifs combien le prêt à intérêt peut
devenir une cause de discordes entre les membres
d'une même famille. Il voulut unir son peuple pour
en faire un peuple fort, et il supprima le prêt à intérêt de sa législation, pour ôter toute occasion d'ini-
mitiés et de haines. « Sa loi ne regardait que les
Juifs, parce que, dit Grotius d'après Josèphe, leur
terre n'est pas maritime ni propre au commerce,
auquel aussi ils ne s'adonnent pas, s'attachant seulement à cultiver leur terre très-abondante, à élever
leurs enfants et à garder leurs lois. » Moïse établit
en outre l'abolition des dettes pendant l'année sabba-
tique, dont le retour périodique avait lieu tous les
sept ans ; tous les cinquante ans, les possesseurs
dépouillés de leurs héritages en recouvraient aussi
la propriété. Il est dès lors bien évident que cette défense de prêter à intérêt ne peut être considérée
comme la consécration d'un principe de droit natu-

rel. Moïse ne l'a pas ainsi entendu ; qui pourrait, en effet, admettre que la remise forcée des dettes, prononcée par ce législateur, ne soit pas une grave atteinte portée à ce même principe ? Son intention se voit clairement, quand il permet de prêter aux nations étrangères. Il a voulu isoler les Juifs de leurs voisins ; il n'a pas permis d'alliance entre eux et les idolâtres ; la loi de Dieu devait être gardée par son peuple, et il fallait lui inspirer une aversion profonde envers ce qui était étranger, pour conserver ses mœurs et sa religion pures de tout mélange. « Il » convenait à la dureté du peuple juif de nourrir en » quelque sorte son aversion pour les étrangers, de » peur que par la pente universelle du genre hu- » main, il ne fût entraîné à leurs coutumes impies.» (Bossuet.)

Chez un peuple agriculteur et guerrier, le prêt à intérêt pouvait être supprimé sans qu'il en résultât aucun danger réel pour l'Etat; il en eût été autrement chez une nation commerçante. Mais il fallait accorder une satisfaction à son ardeur pour le gain qui distingue cette race entre toutes, et qui, à une époque plus rapprochée de la nôtre, s'est avidement exercée dans le monde entier. On lui permit de la satisfaire sur ses ennemis; car étrangers et ennemis étaient à peu près synonymes chez les Israélites. « Il semble » donc qu'on peut dire que cette permission de » l'usure est accordée à la dureté des Juifs, incapa- » bles de certains devoirs éminents de la vertu, et » qu'il fallait séparer du commerce des gentils, dont

» ils prenaient si facilement les mœurs corrom-
» pues. » (Bossuet.)

Une voix plus pure devait s'élever du sein de la
Judée pour prêcher aux hommes une loi bien autrement parfaite que la loi mosaïque; elle n'était pas
restreinte à ce peuple, qui ne l'entendit pas; elle
embrassait l'univers entier dans son sublime enseignement. « Si vous prêtez à ceux de qui vous espérez
recevoir, quel sera votre mérite, puisque les pécheurs mêmes prêtent aux pécheurs, attendant d'eux
le même service? Mais aimez vos ennemis, faites le
bien, prêtez sans rien espérer; alors votre récompense sera très-grande, et vous serez les enfants du
Très-Haut. » Voilà l'expression la plus élevée de la
morale; mais est-ce là un commandement fait à la
loi positive, ou plutôt n'est-ce pas un conseil donné
aux consciences dont les aspirations tendent à s'élever au-dessus des moyennes régions de la vertu humaine (1)?

Pour n'avoir pas ainsi compris cette divine parole,
nous verrons à quel regrettable système de prohibition l'essor commercial et industriel s'est trouvé as-
servi pendant une longue suite de siècles. Nous
indiquerons en son lieu quelles en furent les conséquences, quand nous retracerons l'historique de cette
époque.

Parmi les peuples dont les arts attestent une civi-

(1) C'est bien une action très-bonne, dit Montesquieu, de prêter
à un autre sans intérêt, mais on sent que ce ne peut être qu'un
conseil de religion, et non une loi civile.

lisation ancienne et avancée, nous citerons les Grecs, qui s'adonnèrent de bonne heure au commerce. La vie maritime fut la véritable vocation des Grecs, dit M. Nieburh; ils couvrirent les mers de leurs vaisseaux, et les côtes et les îles furent peuplées de colonies florissantes qui, à l'exemple des métropoles, se livraient au négoce maritime. Hérodote prétend qu'ils prirent des Lydiens l'art de battre monnaie (1).

L'agriculture fut presque délaissée dans l'Attique; on en comprend les raisons : le territoire de la république, déjà très-restreint, était encore couvert de montagnes et de roches arides qui ne permirent pas à ses habitants de se livrer fructueusement à la culture de la terre.

Les usures maritimes étaient très-élevées; elles atteignaient communément le chiffre de 30 à 40 0[0; et comme les transports nautiques se renouvelaient au moins deux fois par année, l'intérêt était donc de 60 à 80 0[0 par an, selon la longueur et les périls du voyage. On comprendra qu'il devait en être ainsi, si

---

(1) Dans le principe, dit Montesquieu, les Grecs, n'ayant pas l'usage des monnaies, se servirent de bœufs et les Romains de brebis. Les monnaies d'Athènes eurent pour empreinte leur ancien bœuf.

Il faut se garder de considérer comme type habituel de la monnaie athénienne le bœuf dont parle Montesquieu; il existe cependant sur quelques-unes des pièces les plus anciennes. Mais le type par excellence, celui que l'on retrouve toujours, porte d'un côté la tête de Minerve au casque plus ou moins chargé d'ornements, suivant l'époque à laquelle appartient la pièce, et de l'autre, la chouette sur l'amphore, avec le nom des magistrats. (Barthélemy, *Numismatique ancienne*; Béulé, *Monnaies d'Athènes*.)

on réfléchit aux difficultés de la navigation, encore dans l'enfance de l'art, s'exerçant le long de côtes bordées d'écueils et parmi des populations peu hospitalières (1).

Les usures terrestres furent rares et toujours au-dessous du taux des usures nautiques. Aucune loi ne vint les restreindre ; les profits du commerce étaient tels, qu'on n'a jamais vu ni troubles ni séditions occasionnés par l'élévation de l'intérêt.

Le taux de banque était habituellement de 12 0|0, et les payements s'effectuaient au commencement de chaque mois : c'est ce que l'on nomma la centésime.

Les Grecs prirent pour type du capital le nombre 100, parce que la pièce d'argent le plus en usage à Athènes était la mine, qui valait cent drachmes ; en sorte qu'en prenant la mine comme capital, on arrivait aisément au calcul des intérêts.

Ce fut en vain qu'Aristote chercha à attaquer, dans son principe même, le prêt à intérêt ; les Grecs n'en tinrent pas compte. Il n'est pas inutile d'exposer ici la forme sous laquelle s'est produite cette utopie célèbre qui souleva des polémiques si violentes et que toutes les nations de l'Occident ont consacrée législativement pendant le moyen âge. « L'acquisition des » biens étant double, c'est-à-dire à la fois commer- » ciale et domestique, celle-ci nécessaire et estimée à » bon droit, celle-là méprisée non moins justement, » comme n'étant point naturelle et ne résultant pas

(1) Voyage du jeune Anacharsis.

» du colportage des objets, on a surtout raison
» d'exécrer l'usure, parce qu'elle est un mode d'ac-
» quisition né de l'argent lui-même et ne lui don-
» nant pas la destination pour laquelle on l'avait
» créé. L'argent ne devrait servir qu'à l'échange, et
» l'intérêt qu'on en tire le multiplie lui-même,
» comme l'indique assez le nom que lui donne la
» langue grecque. Les pères sont ici absolument
» semblables aux enfants, l'intérêt de l'argent est
» issu de l'argent, et c'est, de toutes les acquisitions,
» celle qui est le plus contre nature. » (Politique
d'Aristote, traduction de M. Barthélemy St-Hilaire.)

Les Romains, dont nous avons à étudier spécialement la législation en matière d'intérêts, n'eurent
pas, dans le principe, de loi pour en régler le taux.
La richesse, les honneurs, la puissance appartenaient
entièrement à une caste privilégiée, qui en abusait
cruellement pour écraser le peuple. Dans un pays
pauvre, où le commerce était inconnu, où, pendant
des siècles, la seule monnaie en usage fut une monnaie de cuivre lourde et sans empreinte, les intérêts
atteignirent un taux très-élevé. La fortune publique
et celle des particuliers étaient aux mains des patriciens ; le peuple, sans toucher de solde, composait à
lui seul les légions ; il sacrifiait son sang et son temps
au service de la patrie ; et quand une expédition heu-
reuse avait fait tomber au pouvoir de l'armée un
riche butin, quand un territoire conquis avait été
ajouté à celui de la république, l'avidité des nobles
frustrait le plébéien de sa part dans la conquête. Ren-

trant dans ses foyers, il trouvait son champ en friche
et parfois sa maison ruinée par les incursions de
l'ennemi. On peut se figurer quelle était sa détresse!
Alors il se liait à tout prix avec le patricien par un
engagement terrible qui le rendait la chose de son
prêteur, en cas de non-payement à l'échéance. Mal-
heureusement cette situation se reproduisait souvent;
car les Romains étaient en guerre perpétuelle avec
leurs voisins, et les expéditions n'avaient lieu que
dans la belle saison, c'est-à-dire au moment où la
culture de la terre réclame impérieusement les soins
du laboureur. Il arrivait que les désastres privés
étaient si nombreux, qu'ils dégénéraient en calamité
publique. Alors, forts de leur nombre et poussés au
désespoir par la misère de leur condition, on voyait
les débiteurs relever la tête en masse; l'Etat tout entier était bouleversé, et les oppresseurs, tremblants
devant la sédition populaire, accordaient à la force
ce qu'ils avaient refusé au nom de l'humanité.

La loi des décemvirs apporta quelque soulagement
aux misères des débiteurs; le taux de l'intérêt fut
réglementé par une des Douze Tables, qui prononçait la peine du quadruple contre ceux qui l'excé-
deraient. Une loi Marcia, citée par Gaïus, C. 4, §23,
accorda la *manûs injectio* contre les usuriers, et permit de poursuivre ainsi contre eux la restitution des
intérêts usuraires qu'ils auraient perçus. Comme
toutes les actions de la loi, elle devait être introduite
devant le préteur, et elle ne pouvait s'exercer les jours
néfastes.

De nombreuses lois furent rendues à l'occasion des dettes; beaucoup furent transitoires et ne durèrent que le temps nécessaire à calmer l'agitation populaire qui les avait provoquées. Plusieurs défendirent complétement le prêt à intérêt; mais elles causaient dans l'État une perturbation profonde, soit qu'elles rétablissent l'*unciarium fœnus*, soit qu'elles prohibassent le prêt à intérêt. « Le mal, dit Montesquieu, » venait de ce que les choses n'avaient pas été » ménagées. Les lois extrêmes dans un pays font » naître le mal extrême. Il fallut payer pour le prêt » de l'argent et pour le danger des peines de la loi.»

Cependant la situation économique de Rome s'améliora; ses conquêtes lui firent connaître le commerce des villes de la Grèce et du littoral de l'Asie. La plèbe resta toujours attachée à la terre; mais les chevaliers et les patriciens se lancèrent, par leurs préposés, dans le commerce nautique, de beaucoup le plus productif. Ils ne furent pas non plus étrangers au commerce de l'argent, qui devint considérable, surtout vers les derniers temps de la république.

Dès le cinquième siècle de Rome, nous trouvons les banquiers installés au Forum. Leur rôle, dans le principe, était restreint au métier de changeurs et de vérificateurs de la monnaie. Par la suite, ils devinrent administrateurs de la fortune des patriciens, chargés de recevoir leur argent et de le placer pour eux. Enfin ils se livrèrent à l'exercice du prêt pour leur propre compte et à leurs périls et risques.

Plaute les met souvent en scène; dans le Curculio, il apostrophe ainsi le banquier Lycon : « Vous n'êtes » pas meilleurs que les prostitueurs; ceux-ci au » moins cachent dans l'ombre leur infâme com- » merce, mais vous, c'est en plein Forum que vous » l'étalez. C'est par l'appât perfide de leur parole » et de la séduction qu'ils parviennent à perdre les » hommes; vous, vous les déchirez par l'usure. » Bien des lois ont été rendues contre vous par le » peuple, vous les violez toutes; sans cesse vous » trouvez quelque moyen de les éluder, et vous les » comparez à l'eau bouillante qui doit bientôt se » refroidir. »

« Les banquiers, dit M. Troplong, portaient à » Rome le nom de *trapezitæ*, *argentarii*, *mensarii;* » ils étaient obligés de tenir leurs comptoirs ou- » verts toute l'année, et ces comptoirs, *tabernæ ar-* » *gentariæ*, espèce de propriété patrimoniale, se » vendaient, ou se louaient, ou s'exploitaient par » des préposés ou des esclaves. C'est là que se ré- » unissaient les oisifs pour faire la conversation, » et les courtisanes pour tenter les oisifs. Ces comp- » toirs se tenaient au Forum, près du temple de » Castor. »

Rome compta bientôt dans son sein un nombre immense d'affranchis qui, rejetés dans les dernières classes de la société, demandèrent au commerce et à l'usure une fortune qui pût les faire sortir de leur infériorité. L'agriculture, le seul art de la paix connu des anciens Romains, fut négligée et confiée aux mains des esclaves ; la fièvre de l'or s'empara de la société tout entière, et chacun lutta d'ardeur à s'enrichir. C'est ce que déplorait Caton, quand il s'écriait : « *Quid fœnerari, quid hominem occidere ?* et lui-même, entraîné par l'exemple, abandonnait sa charrue et ses rustiques travaux pour se livrer à l'usure maritime, dont aucune loi n'avait encore fixé le maximum. Plus tard, Sénèque déclamait philosophiquement contre l'usure, la déclarant contraire à la nature et l'œuvre de la plus basse cupidité ; il recommandait d'abandonner cette source honteuse de profits. S'il faut en croire Tacite, il joignait peu l'exemple au précepte, et, malgré son amour de la médiocrité, les biens immenses qu'il tenait de la libéralité de Néron, il les avait singulièrement augmentés par de lourdes usures.

Nous avons établi plus loin que l'*unciarium fœnus*, décrété par les Douze Tables, devait représenter l'intérêt de 10 0\0 par an. En 703, un sénatus-consulte introduisit l'intérêt de la centésime, c'est-à-dire un pour cent par mois. C'étaient les usages de la Grèce substitués aux coutumes de Rome. De même que les Grecs avaient leurs éphémérides, les Romains eurent le *kalendarium*, registre sur lequel ils inscrivaient les échéances de leurs créances. C'était habituellement aux calendes que se réglaient les intérêts mensuels ; aussi les poëtes nous représentent-ils leur retour comme rempli d'angoisses pour les débiteurs :

Nisi cùm tristes misero venere kalendæ.

(Hor. l. 1, s. 3.)

De cette coutume de régler aux calendes vint le mot *kalendarium*, appliqué au registre des échéances ; de là les termes *kalendarium exercere* , pour signifier faire valoir son argent à intérêt; *kalendarium legare* , pour dire léguer ses créances et les intérêts qu'elles produisaient.

En droit romain, *fœnus* est l'expression primitive qui sert à indiquer le produit de l'argent. Voici l'étymologie qu'en donne Festus, au mot *fœnus : « Fenus appellatur naturalis terræ fetus ; ob quam causam nummorum fetus fenus est vocatum et de ed re leges fenebres, fenus et feneratores, et lex de creditâ pecuniâ fenebris à fetu dictâ, quod crediti nummi alios pariant, ui apud Græcos eadem res τοχος dicitur. Fenum quoque pratorum ob hâc causâ est appellatum, quandò idipsum manens quotannis novum parit ; undè etiam festuca vocata est. »* La même origine est donnée à ce mot par Aulu-Gelle, *Nuits att.*, liv. 6, ch. 12.

Saumaise, au chap. 2 de son Traité *de usuris*, veut que *fœnus* indique non point l'intérêt mais le capital productif : « *Fœnus non sortis partum significare, sed sortem quæ parit ;* » son étymologie viendrait de ποινή ou ποινος, *quæ sit merces, vel pretium, vel pœna.* De ποινος, corrompu en *fainos*, il aurait été fait *fœnor, fœnoris*, et enfin *fœnus, fœnoris*. Gérard Noodt observe que c'est là une erreur de Saumaise ; car pourquoi *fœnus* désignerait-il plutôt le capital que l'intérêt, qui est le prix de l'argent prêté? Nous nous dispenserons d'entrer dans cette discussion.

Enfin Vossius soupçonne, dans son Étymologie ,

que *fœnus* vient de l'ancien verbe *feo*, tombé en désuétude; d'où *fetus*, *fecundus*, *fenum*, *femen* et *femina;* de même que de ϕχῶ est venu ϕῶ, d'où *for*, *fari*, et ses dérivés *fatum*, *facundus*, *fanum*. Son opinion se fonde sur ce que Caton et les auteurs antérieurs écrivent *fetus*, *fenus*, *fecunditas*, non point, comme les écrivains postérieurs, avec une diphthongue, mais avec un *e* simple; et il conclut en disant que *fœnus* s'applique non pas à un capital productif, mais au produit de ce capital.

Noodt pense que *fœnus* n'est usité que pour exprimer des intérêts conventionnels; d'où l'expression *nauticum fœnus*, prêt dans lequel les intérêts ne sont dus qu'autant qu'ils ont été convenus. Pothier partage cette opinion.

Usura est défini par Isidore *incrementum fœnoris, ab usu œris crediti nuncupata.* (Orig., liv. 5, chap. 25, p. 931.)

Varron, liv. 4, *de lingud latind : Quœ cum accideret ad sortem, ex usu usura dicta est.*

Usurœ, dit Plaute, *non sortis accessionem, sed cujusque rei usum.*

Cicéron, au liv. 1, chap. 39, des Tuscul., écrit, en parlant de la nature : *Ea quidem dedit usuram vitœ, tanquam pecuniœ, nulld prœstitutd die.*

Selon saint Ambroise, le nom d'usures vient de ce qu'elles usent et consument les patrimoines : *Usuram quoque ab usu arbitror dictam, quod ut vestis usu, ita usuris patrimonia scindantur.*

Enfin, pour le jurisconsulte, il définit ainsi l'in-

térèt : *Usuræ propter usum medii temporis perceptæ.*
(Papinien, D. 36, 4, 38 , § 6.)

On appelait *versura* l'emprunt fait à un tiers des
deniers nécessaires à l'acquittement des intérêts
d'une somme prêtée. *Est igitur versura*, dit Cujas,
*mutuata pecunia sub usuris, quâ dissolvebantur usuræ
aliis debitæ.* Le débiteur payait, en réalité, les inté-
rèts des intérêts, mais à une tierce personne. Quand
cette opération se passait entre le créancier et son
débiteur, elle se nommait *anatocismus* (ανα, dere-
chef ; τοκος, production), ou encore *usura usurarum.*
Il est à peu près certain que l'anatocisme fut longtemps pratiqué à Rome. Cicéron, gouverneur de
Cilicie, permit dans cette province le cumul des
intérêts échus à la fin de l'année, et leur réunion au
capital pour produire intérêt. (Cicer. ad Attic., lib. 5,
epist. ult.)

Prohibé sans doute par le sénatus-consulte de
l'an 703, l'anatocisme semble, depuis cette époque,
avoir complétement disparu de la législation romaine.

Nauticum fœnus, appelé aussi *trajectitia pecunia*
(*qui trans mare vehitur*), est l'intérêt maritime
nommé chez nous prêt à la grosse aventure.

Il n'entre pas dans le cadre que nous nous
sommes tracé de faire ici l'exposé des éléments qui
concourent à la formation de l'intérêt ; nous en
traiterons plus loin. Nous avons seulement cru devoir signaler les idées peu arrêtées des anciens sur
cette matière ; il appartenait à la science moderne,

et en particulier à l'économie politique, de déterminer les bases légitimes sur lesquelles repose l'intérêt.

Notre travail consistera à examiner les règles de l'intérêt en droit romain, et principalement celles qui sont contenues aux titres *de rebus creditis*, *de usuris* au Digeste, et *de usuris* au Code.

Et, suivant les modifications introduites au moyen âge dans la signification du mot *usura*, nous traiterons de l'usure proprement dite en droit français.

DROIT ROMAIN.

Les intérêts résultent : 1° des conventions des parties ; 2° de la loi.

Les premiers, c'est-à-dire les intérêts conventionnels, nous occuperont d'abord.

En second lieu, nous traiterons des intérêts résultant d'une règle générale de droit, ex officio judicis.

DES INTÉRÊTS CONVENTIONNELS.

C'était habituellement à l'occasion du mutuum d'une somme d'argent que le créancier exigeait des intérêts de son débiteur. Le mutuum était gratuit de sa nature ; l'obligation qui naissait de ce contrat consistait à rendre exactement des choses de mêmes quantité et qualité. Quand l'objet du mutuum était une somme d'argent, le créancier avait, pour la réclamer, la condictio certi, condictio par excellence, action de droit strict, dont l'intentio était déterminée. Le juge ne pouvait condamner à une somme supérieure ou inférieure à celle contenue dans l'intentio, sous peine de faire le procès sien. (Gaius, Com. 4, § 52.)

2

Le contrat de prêt ne faisant naître une obligation et une action qu'à cause de la dation, il est facile de comprendre que les intérêts ne pouvaient jamais être dus en vertu de ce contrat. En effet, l'obligation aux intérêts était une partie accessoire mais distincte de la créance principale.

En dehors du mutuum, il fallait un engagement particulier du débiteur, produisant une obligation de droit civil, qui permît, en cas d'inexécution, de le poursuivre pour les intérêts. On recourait alors aux formalités rigoureuses de la stipulation. (D. 19, 5, 24. — C. 4, 32, 3.) C'est dire que, dans le principe, le prêt à intérêt ne put s'exercer qu'entre citoyens romains.

Deux actions compétaient au créancier : 1° la condictio certi, née du mutuum, par laquelle on poursuivait l'obligation civile et unilatérale de donner une somme certaine, certam pecuniam dare, ou même seulement un objet certain (loi Calpurnia) ; 2° la condictio née de la stipulation, condictio incerti, ayant pour but la poursuite d'une obligation civile et unilatérale de donner quelque chose d'indéterminé, aliquid incertum dare. De ce que cette action était de droit strict, il en résultait que le demandeur d'intérêts devait, sous peine d'épuiser son action et de ne pouvoir agir plus tard pour les prestations futures, faire restreindre sa demande, en faisant ajouter dans la formule cette prescriptio : ea res agatur, cujus rei dies fuit. (Gaius, Com. 4, § 131.)

La créance principale, au lieu d'être le résultat

d'une numération d'espèces, pouvait, ainsi que les
intérêts, provenir d'une stipulation ; alors, soit que
les paroles solennelles comprissent capital et intérêts, soit qu'il y eût plusieurs stipulations successives, il y avait autant de stipulations que de choses
différentes. In stipulationibus tot essè stipulationès,
quot summæ sunt ; totque esse stipulationès, quot
species. (D. 45, 1, 29 et 140.)

Pouvait-on convenir d'intérêts par le contrat litteris ? Au temps de Justinien, l'obligation littérale ne
figure plus comme un mode spécial de s'obliger ; les
anciens nomina sont tombés en désuétude, quæ nomina non sunt in usu. (Inst. liv. 3, t. 21.) L'écriture
n'est plus qu'un moyen de preuve.

Mais, à l'époque de la jurisprudence classique, des
intérêts pouvaient-ils être dus en vertu d'une obligation littérale? Nous ne le pensons pas ; l'expensilatio
est demeurée restreinte aux obligations de sommes
d'argent et de quantités certaines ; elle n'était d'abord
que la supposition d'un pesage et d'un mutuum
tenus pour accomplis ; elle ne s'est pas écartée de ses
données primitives, et n'a pas été étendue aux obligations conditionnelles ou à terme. « L'expensilation
» continuant à n'être que la supposition d'un mutuum
» tenu pour accompli, ne pouvant, en conséquence,
» s'appliquer qu'à des qualités certaines (certa pecu-
» nia), ne donne jamais lieu, de même que le mu-
» tuum, qu'à une condictio certi. » (M. Ortolan, t. 2,
p. 227.) Ainsi le contrat litteris n'a pu se prêter à
une convention d'intérêts.

L'obligation verbis semble donc engendrer seule une action pour poursuivre le payement des intérêts convenus. (D. 19, 5, 24. — C. 4, 32, 3. — D. 17, 1; 10, § 4.) Les intérêts peuvent exister pour d'autres objets que des sommes d'argent ; mais ils ne peuvent porter sur un corps certain ; ils ne résultent jamais que d'un prêt de quantités.

Les pactes furent introduits par le préteur pour modifier la rigueur du droit civil et tenir quelquefois la place de la stipulation. Nous allons rechercher quel fut leur rôle dans les conventions portant intérêt.

Leurs effets variaient selon qu'ils étaient in continenti ou ex intervallo, joints à un contrat de droit strict ou à un contrat de bonne foi.

Joints ex intervallo, — les pactes ne produisaient jamais qu'une exception, même dans les contrats de bonne foi. Ils étaient utiles pour diminuer mais non pour augmenter l'obligation. (D. 2, 14, 7, § 4. — C. 2, 3, 13.)

Joints in continenti — à un contrat de bonne foi, ils étaient considérés comme en faisant partie et donnaient lieu à l'action même du contrat. C'est dire qu'en vertu de ces pactes, on pouvait valablement demander les intérêts par voie d'action. (D. 17, 1, 34 ; — 16, 3, 24 ; — 16, 3, 26, § 1. — C. 4, 54, 5.)

Joints in continenti — à un contrat de droit strict, leurs effets variaient. Examinons successivement les trois contrats de droit strict. Un pacte joint au contrat litteris ne pouvait produire qu'une exception, en vertu de ce principe qu'un pacte joint à un contrat de droit strict n'engendre qu'une exception.

Quant au mutuum, il est hors de doute qu'en faisant la numération des espèces, le prêteur pouvait établir avec l'emprunteur des conditions relatives au lieu, à l'époque et au mode du remboursement. (D. 12, 1, 3;— 12, 1, 22.)— Un fragment d'Ulpien dit clairement que tout ce qui peut être compris dans les stipulations peut s'appliquer au prêt d'argent : Omnia quæ inseri stipulationibus possunt, eadem possunt etiam numerationi pecuniæ : et ideò et conditiones. (D. 12, 1, 7.)—Mais ceci ne doit pas s'entendre des intérêts. Dans la loi 11, au même titre, § 1, nous trouvons la confirmation de ces principes : il peut être stipulé que l'emprunteur, recevant dix, ne rendra que neuf; alors on admet une donation de un faite par le créancier au débiteur au moyen d'un pacte tacite. Mais nous voyons aussi que, dix ayant été comptés, le créancier ne peut exiger onze, malgré les conventions intervenues au moment de la livraison des espèces. L'obligation peut être diminuée, mais elle ne peut être augmentée, et cet exemple montre que le créancier ne peut agir pour demander le payement des intérêts convenus par simple pacte accessoire au mutuum.

Pour la stipulation, une interprétation plus favorable semble avoir accordé aux pactes joints (pacta adjecta) un effet en opposition avec la rigueur des principes. Un texte de Paul (D. 12, 1, 40) décide que les pactes joints in continenti à une stipulation doivent être regardés comme en faisant partie : Pacta in continenti facta, stipulationi inesse creduntur.

Mais les pactes engendraient une obligation naturelle (D. 46, 3, 5, § 2) ; de sorte que, si le débiteur avait payé les intérêts, il avait justement payé, et s'il agissait par la condictio indebiti, même dans le cas de pacte disjoint, il était repoussé par l'exception de pacte. (C. 4, 32, 3; — 4, 32, 22.)

On décidait aussi que le créancier pouvait retenir le gage pour le payement des intérêts convenus sans les formalités de la stipulation (C. 4, 32, 4); mais il fallait que le gage eût été affecté au payement des intérêts ; en sorte que, si par la suite on en élevait le taux, le gage ne pouvait garantir ce supplément.

A cette règle, conforme au principe qui n'accorde qu'une exception aux pactes joints ex intervallo, nous trouvons plusieurs dérogations.

Un pacte nu suffit pour faire courir les intérêts dans les prêts de froment et d'orge. (C. 4, 32, 12.) On admet plus facilement, dit Pothier, les intérêts dans cette espèce de prêt, à cause de l'incertitude du prix des fruits, lorsqu'on les vend, lesquels peuvent avoir moins de valeur que lorsqu'on les a reçus. Ce motif semble plausible ; car, au temps d'Alexandre Sévère, les legitimæ usuræ n'étaient pas applicables au prêt de denrées. Le fisc jouissait d'un privilége exorbitant du droit commun; s'il acquérait d'un particulier une créance non productive d'intérêts, du jour que le débiteur l'avait reconnu son créancier, il pouvait exiger de lui les semisses usuræ. Cette faveur s'étendait aussi à l'empereur et à l'impératrice. (D. 49, 14, 6, § 1; — 22, 1, 17, § 6.)

Cette exception pouvait être invoquée par le fisc, mais elle n'admettait pas la réciproque contre lui. Fiscus ex suis contractibus usuras non dat, sed ipse accipit. (D. 22, 1, 17, § 5.) La loi 30, D. 22, 1, accordait aux cités l'intérêt des sommes prêtées en vertu d'un pacte nu.

Enfin Justinien permit aux argentarii d'exiger des intérêts sans stipulation, au moyen d'un simple pacte. (Nov. 136, cap. 4.)

DE LA PREUVE DES INTÉRÊTS CONVENTIONNELS.

Les intérêts convenus au moyen de la stipulation peuvent être prouvés quand bien même il n'en a pas été dressé acte (instrumentum). (C. 4, 32, 1.) La loi 7, au même titre, semble exiger l'instrumentum comme moyen de preuve; cependant il n'en est rien; le mot instrumentum fait opposition à ce qui suit; la première partie ne doit pas être séparée de la seconde.

La longue prestation des intérêts établit la présomption qu'ils ont été stipulés : Quod eas ipse dominus vel pater, *longo tempore* præstitisset. (D. 22, 1, 6.) Il ne suffirait pas qu'ils eussent été volontairement payés quelquefois : Nec enim si *aliquando* ex consensu, præstitæ sunt, obligationem constituunt. (C. 4, 32, 7.) Ces expressions *longo temporo*, d'une part, *aliquando*, de l'autre, suffisent pour expliquer ces deux lois.

Que faut-il entendre par cette expression *longo tempore?* Le temps ne nous semble pas avoir été déterminé ; il était sans doute laissé à l'appréciation du juge. La loi 5, au Code, 4, 32, contient une solution semblable à la précédente.

Le payement habituel des intérêts fait même présumer la dette du capital. L'empereur Sévère ordonna au fisc de payer, à titre de dot, mille pièces d'or à la fille d'Athénagoras, dont les biens avaient été confisqués, parce qu'elle établissait que son père lui en avait toujours servi les intérêts. (D. 22, 1, 6, § 1.)

A l'inverse, si des intérêts moindres que ceux convenus sont payés pendant un grand nombre d'années, *multos annos*, on ne peut exiger que ces faibles intérêts. (D. 22, 1, 13.) Le fait souvent répété crée une présomption de pacte tacite qui a modifié les conventions premières.

DEPUIS QUEL MOMENT COURENT LES INTÉRÊTS CONVENTIONNELS.

Les intérêts conventionnels courent du jour de la convention, à moins qu'ils n'aient été stipulés sous condition ou à terme. Alors le terme venu ou la condition réalisée sont les points de départ des intérêts.

Le débiteur promet souvent des intérêts d'un capital qui n'en produisait pas, ou une augmentation d'intérêts, quand déjà le capital est productif, sous la condition *si intrà certum tempus sors soluta non fuerit.*

Scævola, au Digeste, 45, 1, 122, § 5, rapporte l'espèce suivante : Seia, héritière d'un tuteur, après avoir transigé par un simple pacte avec l'héritier de la pupille, a payé la plus grande partie de la dette, et s'est engagée par stipulation pour le reste; mais l'héritier a refusé d'observer la transaction; il a intenté l'action de tutelle (1). Après avoir succombé dans sa demande, il s'est pourvu en appel et enfin devant le prince. Mais l'échéance est survenue au cours des débats.

On se demande si, l'héritier de la pupille ayant été mis en demeure de recevoir la somme convenue dans la transaction, et n'ayant jamais formé de demande contre l'héritière du tuteur, il est dû des intérêts à partir de l'échéance, *comme il avait été convenu* (2)?

Scævola a répondu que si Seia n'avait pas cessé de faire offre de la somme convenue, l'intérêt à partir du terme fixé ne pouvait être exigé.

Dans la loi 9, C. 4, 32, nous trouvons un autre cas analogue : il a été promis des intérêts plus con-

---

(1) Nous ferons remarquer que la stipulation ayant opéré novation de la dette, le demandeur ne pouvait intenter l'action de la tutelle, action de bonne foi, mais l'action de droit strict, *ex stipulatu.*

(2) Restitution de Pothier.

sidérables dans le cas où le débiteur manquerait de payer ceux convenus. Si l'on parvient à établir que le créancier s'est refusé à recevoir *minores usuras*, le débiteur ne sera pas condamné à payer les *majores*.

Ce sont là des cas de stipulation d'intérêts sous clause pénale. On voit qu'il faut que le débiteur soit en faute pour que les intérêts puissent être exigés. S'il a un motif légitime de ne pas payer, la clause pénale ne s'appliquera pas.

On ne peut stipuler que, la condition si sors soluta non fuerit venant à se réaliser, les intérêts seront dus rétroactivement du jour du contrat. Quelqu'un s'était engagé à payer chaque année des intérêts à 5 0/0, et, dans le cas où il laisserait une année sans les solder, il les payerait à 6 0/0 du jour même du prêt. Marc-Aurèle a décidé que les intérêts ne croîtraient que du jour où le débiteur aurait été mis en demeure. (Paul, D. 22, 1, 17.)

Une autre loi de Paul, D. 12, 1, 40, in fine, semble renfermer une contradiction avec celle précédemment citée : « Mais si nous stipulons de quel-
» qu'un qu'il rendra, à l'événement d'une condition,
» la somme recueillie pendant le temps intermé-
» diaire, ainsi que cela se pratique pour les fruits,
» on peut convenir que la somme n'étant pas payée
» au jour marqué, les intérêts seront dus à partir
» du jour même de la stipulation. »

Nous remarquerons que, dans la première loi citée, le créancier exigerait une augmentation d'intérêts en vertu d'une clause pénale. Le débiteur payerait

cette augmentation à partir du jour du contrat, c'est-
à-dire avant qu'il ait été en faute, ce qui semble
inique.

Dans la seconde loi, au contraire, les intérêts stipulés ont le caractère de fruits, sans avoir rien de
pénal : si un capital n'est pas payé à une certaine
échéance, il produira des intérêts du jour même de la
stipulation.

Nous trouvons (D. 45, 1, 64) un texte d'Africain
qui autorise une stipulation de cette nature et déclare qu'elle aura son plein et entier effet : « Si Titius
» consul factus fuerit, tum ex hâc die in annos singu-
» los dena dari spondes ? Post triennium conditio
» exstitit. » (D. 45, 1, 126, § 1.)

JUSQU'À QUEL MOMENT SONT DUS LES INTÉRÊTS CONVENTIONNELS.

Les intérêts cessent de courir du jour où le créancier a été payé, ou s'est payé lui-même, par
exemple quand il a vendu le gage. (D. 22, 1, 40.)

La consignation régulièrement faite tient lieu de
payement ; par conséquent, elle arrête le cours des
intérêts.

Mais quand la consignation sera-t-elle régulière ?

Il faut : 1° qu'elle ait été précédée d'offres faites
devant témoins (C. 4, 32, 2) ; si le créancier est
absent, elles seront portées devant le président (C. 4,
32, 6 et 19). Les espèces doivent être déposées au

trésor public, ou dans les églises, ou bien enfin
dans le lieu assigné par le magistrat. Le dépôt ainsi
fait, le débiteur sera libéré des risques de la chose,
et le droit de gage sera éteint.

Si le créancier refuse les justes offres de son débiteur, non-seulement il supportera ces risques,
mais encore le préteur lui refusera une action. (D. 46,
3, 30 et 72.) Si donc la chose vient à périr même
par la faute du débiteur, pourvu qu'il n'y ait pas dol
de sa part, celui-ci sera libéré. (D. 18, 6, 17.)

Il y avait controverse sur la question de savoir
si, dans les contrats de droit strict, la libération
avait lieu ipso jure; c'était l'avis de Sabinus et de
Javolenus. (D. 45, 1, 105.) Les proculéiens pen-
saient, au contraire, qu'elle n'avait lieu que excep-
tionis ope : certè enim doli mali exceptio nocebit ei
qui pecuniam oblatam accipere noluit. (Paul, D.
45, 1, 73, § 2, et Julien, D. 30, 1, 84, § 3.)

C'est cette dernière opinion qui nous semble
conforme aux principes du droit. En effet, dans les
actions de bonne foi, l'exception se trouve implicitement contenue dans la formule, tandis qu'il faut
qu'elle ait été insérée par le préteur dans les actions de droit strict.

2° Qu'elle comprenne toute la somme due. La
consignation d'une partie de la dette ne suspend
pas même le cours des intérêts de la portion con-
signée, à moins que le débiteur n'ait le droit de
faire des payements partiels. (D. 22, 1, 41, § 1.)

Julien nous apprend, cependant, que l'humanité

fait un devoir au préteur de s'écarter des principes rigidés du droit, en lui permettant parfois de payer seulement une partie de sa dette. Ce n'est là évidemment qu'un tempérament d'équité, qu'il sera toujours loisible au préteur de mettre en pratique quand il rédigera la formule de l'action : cùm ad officium ejus pertineat, lites diminuere. (D. 12, 1, 21.)

Nous devons ajouter que, si le débiteur a retiré la consignation, et qu'ensuite, étant actionné, il se trouve en demeure de payer, les intérêts n'auront pas cessé de courir. (D. 22, 1, 7.)

Pour que le débiteur soit libéré, il faut donc que les offres soient suivies de la consignation.

Un rescrit d'Antonin (C. 4, 32, 11) semble s'écarter de cette règle, et n'exiger que les simples offres sans consignation. Il dit, en effet, que le créancier antichrésiste qui aura refusé les justes offres du débiteur, post oblatam sibi jure pecuniam quam non suscepit, doit imputer les fruits sur le capital.

Cette loi a été l'objet de vives controverses.

Noodt et quelques autres interprètes prétendent qu'il y a là interpolation de Tribonien, ou tout au moins erreur des jurisconsultes romains, et qu'il faut ajouter : aux justes offres du débiteur *suivies de la consignation*.

Cujas, Antoine Favre et Pothier pensent qu'il ne faut rien suppléer à ce qui existe. Cette loi, selon eux, a établi une exception toute de faveur pour celui dont la dette est garantie par une antichrèse. Du reste, ajoute Pothier, comment alors peut-on entendre ce qui est dit, que les fruits perçus depuis cette époque s'imputeront sur le capital? car comment faire une imputation sur un capital payé par la consignation?

Nous avons dit que le contrat litteris, par sa nature même, ne pouvait comprendre les intérêts d'une somme comptée. Il n'en était pas de même du payement des intérêts; il pouvait avoir lieu par expensilatio (pourtant Gaius n'en parle pas). Quant à l'acceptilatio, elle ne s'appliquait qu'aux intérêts dus en vertu d'une stipulation.

La novation empêchait aussi les intérêts de courir : Novatione legitimè factâ, usuræ non currunt. (D. 46, 2, 18.)

Quant à la novation opérée par la litis contestatio, elle ne mettait pas un terme au cours des intérêts.

On comprend que, s'il en eût été autrement, tous les débiteurs d'intérêts auraient trouvé un grand avantage à soulever d'injustes contestations. Mais la novation judiciaire, aux termes de la loi 29, in fine (D. 46, 2), peut faire la position des créanciers meilleure; elle ne saurait la rendre pire. Des textes formels viennent à l'appui de cette exception : Lite contestatâ, usuræ currunt. (D. 22, 1, 35. — C. 3, 1, 1.)

Justinien décida que la prescription de trente ou de quarante ans, soit personnelle, soit hypothécaire, éteignant l'action quant au principal, les intérêts ne pourront plus être exigés, qu'ils soient échus antérieurement ou postérieurement au jour où s'accomplit la prescription. Peu importe que le temps pour

prescrire les annuités ne soit pas échu; la prescription comprenant la dette s'étend aussi aux accessoires. (C. 4, 32, 26.)

Il est deux cas où les intérêts cessent de courir, le
capital restant toujours dû :

1° Quand le chiffre des intérêts a doublé le capital (computatio dupli). Mais faut-il compter dans
le calcul du double les intérêts payés aux échéances,
ou bien faut-il que les intérêts actuellement dus
égalent le capital? Une constitution d'Antonin décide
que usuræ per tempora solutæ non proficiunt reo
ad dupli computationem. (C. 4, 32, 10.) Justinien
adopta le système opposé : Usuræ minutim et per
intervallum solutæ cum duplo compensantur, etiamsi
non universæ simul solutæ fuerint. (C. 4, 32, 29 et
30. — Nov. 138. — Nov. 121, c. 2.)

Autrefois la computatio dupli n'était pas admise
quand il y avait constitution de gage. Cette règle fut
abrogée par Justinien. (C. 4, 32, 27, § 1.) Il établit une exception en faveur de l'argent prêté par les
cités. (C. 4, 32, 30.)

2° Quand le créancier a fait remise des intérêts.
S'il a omis pendant longtemps de les demander, il
est considéré comme ayant renoncé à les exiger, par
bienveillance pour le débiteur. (D. 22, 1, 17,
§ 1.)

De même si, pendant de longues années, il a
reçu des intérêts moindres que ceux stipulés, on a
contre lui l'exception de pacte tacite. (C. 4, 32, 5.)

Mais, pour que le débiteur puisse opposer valablement l'exception de pacte tacite, il faut qu'il n'ait pas été mis en demeure à l'occasion des intérêts qu'il a coutume de payer. (D. 22, 1, 13.)

D'après ces diverses lois, nous voyons que la remise peut être totale ou partielle. Noodt les interprète en ce sens que le prêteur ne peut demander les usures passées, mais qu'il peut en exiger dans l'avenir. La présomption de libéralité dont il a été parlé plus haut ne s'appliquerait qu'aux faits antérieurs.

Nous pensons que c'est là une erreur de Noodt. La présomption de pacte tacite a modifié l'obligation pour tout le temps à venir.

Enfin les intérêts peuvent s'éteindre par compensation. (C. 4, 31, 4.)

LES CONVENTIONS DOIVENT RESTER DANS LA LIMITE DU TAUX FIXÉ PAR LA LOI.

Le taux de l'intérêt à Rome fut fixé par la loi des Douze Tables. Il fut modifié par des lois successives, dont nous parlerons plus tard.

La stipulation d'intérêts ne peut excéder le taux légitime en matière de prêt d'argent. Quand il y a infraction à cette règle, les conventions ne reçoivent leur effet que dans les limites posées par la loi. (D. 22, 1, 29.)

Si des intérêts supérieurs au taux légal ont été payés, on impute sur le capital tout ce qui a été illé-

galement perçu ; et si, par la suite, on paye intégra-
lement le capital, on peut le répéter par la condictio
indebiti. Si c'est le principal qui a été payé d'abord,
et qu'on paye ensuite les intérêts suprà legitimum
modum, on peut les répéter quasi sors indebita.

La condictio indebiti existe également au profit du
débiteur qui a payé en même temps capital et intérêts. (D. 12, 6, 26.)

On ne peut exiger les intérêts qui n'ont pas encore
commencé à courir.

Dans le cas où un débiteur a remis à son créancier un fonds dont il percevra les fruits, on décide
que cette convention est valable, quand bien même
le produit du fonds dépasserait le taux légal. Le
motif de cette exception à la règle vient de l'incertitude du produit et du prix des fruits, propter incertum fructuum proventum. (C. 4, 32, 17.)

La même décision est applicable quand c'est la
jouissance d'une maison qui représente les intérêts
d'une somme prêtée. Si la valeur locative de la maison est supérieure aux intérêts légitimes, on dit
alors qu'elle a été louée à vil prix; mais le prêt est
maintenu. Il en est autrement si la maison est louée
par le créancier à un tiers; cette convention est re-
gardée comme illicite, lorsque le prix de location est
supérieur à l'intérêt légitime. (C. 4, 32, 14.)

Si le taux des intérêts conventionnels n'a pas été
fixé, ils ne sont pas dus. Ceci résulte de la loi 31,
D. 22, 1, et D. 22, 1, 41, § 2. Si non appareat de
quibus usuris convenio facta sit, peti eas non posse.

3

Justinien admet une exception en faveur des banquiers ; dans le cas où aucun taux n'aura été fixé,
la convention ne sera pourtant pas inutile : leurs
débiteurs payeront les intérêts à 8 0[0. (Nov. 136.)

DES INTÉRÊTS DUS SANS CONVENTION.

Nous avons vu comment, sous l'empire de la législation romaine, la volonté des parties pouvait rendre
un capital productif d'intérêts : d'une part, la stipulation avec sa formule solennelle, bientôt modifiée
et mise à la portée des pérégrins ; de l'autre, les
pactes parfois revêtus, pour leur exécution, de l'action
du contrat auquel ils sont joints, et produisant toujours au moins une exception.

Mais, en dehors de ces modes conventionnels,
l'équité exigeait qu'il fût fixé des intérêts à titre de
dédommagement. La demeure dans certains contrats
et quasi-contrats, la nature particulière des contrats
indépendamment de toute demeure, enfin un privilége accordé à la personne, tels sont les cas où le
juge pouvait accorder des intérêts.

Les intérêts dus sans convention se rencontrent
d'abord dans les contrats de bonne foi.

Si l'une des parties se refuse ou apporte du retard
à l'exécution de ses engagements, il y a préjudice
pour son créancier. Si celui-ci fait des diligences, si,
en un mot, il somme (interpellat) son débiteur de se
libérer, on dit alors que ce dernier est in morâ. Nous

allons étudier les effets de la mise en demeure, en ce qui touche les intérêts. Nous observerons que les intérêts moratoires ou judiciaires, c'est-à-dire dus ex officio judicis, n'existent que pour les dettes d'argent, et voici le motif qu'en donne M. de Savigny : Le placement d'argent à intérêt est toujours possible, tandis qu'il faut des circonstances rares et tout accidentelles pour placer à intérêt des grains ou autres quantités. Sans doute le propriétaire injustement dépouillé de l'usage de ses grains a droit à une réparation ; mais il doit prouver le dommage ; il y a lieu à estimation ; tandis qu'en matière d'argent l'indemnité sera, en général, des intérêts d'après le taux même du pays.

DES INTÉRÊTS MORATOIRES.

La demeure, généralement appelée mora, et quelquefois frustratio, cessatio, dilatio, doit être définie un délai injustement usurpé pour faire ou recevoir un payement. D'où il résulte qu'il y a deux demeures : celle du débiteur et celle du créancier. Occupons-nous de la première, dans les contrats de bonne foi.

In bonæ fidei contractibus, ex morâ usuræ debentur. (D. 22, 1, 32, § 2.)

L'origine de cette règle se trouve, dit-on, dans l'action pro socio, donnée contre l'associé qui détournait les fonds communs ou qui faisait tourner à son profit les choses de la société. Non quasi usuras sed

quod socii intersit, præstare debet, ait Labeo. Il
doit l'intérêt des diverses sommes dont il est débiteur envers la société, à partir du jour de la demeure.
(D. 17, 2, 60.) Il semble constant que sous la république les intérêts n'auraient pu résulter de la seule
mise en demeure, car aucun des auteurs de ces
temps n'en fait mention. Noodt et Pothier pensent
que ce fut une constitution d'Antonin le Pieux qui
introduisit cet effet de la mora dans les actions de
bonne foi. *Argument tiré des mots (ut est constitutum)*.
(D. 17, 1, 12, § 9.) Papinien décide même, dans une
espèce analogue, qu'il n'est pas nécessaire qu'il y ait
mora pour faire courir les intérêts dans l'action pro
socio : *Etiam morâ non interveniente, præstabuntur
usuræ*. (D. 22, 1, 1, § 1.)

Ces intérêts dus en vertu de la mora résultent
moins de l'obligation elle-même que de l'office du
juge ; ce qui veut dire qu'il ne saurait y avoir deux
obligations, l'une du principal et l'autre des intérêts,
ainsi qu'il arrive quand ils ont été stipulés ; mais une
obligation unique, celle du principal, dont l'inexécution permet d'ajouter des intérêts. Cette latitude
laissée au juge tient à la rédaction de la formule dans
les actions de bonne foi.

Le juge a le pouvoir d'arbitrer le chiffre des intérêts. Ils seront dus quand le débiteur interpellé
n'aura pas payé ; mais il peut avoir des excuses légitimes, et alors la demeure ne produira pas son effet.
*Usuræ enim non propter lucrum petentium, sed
propter moram solventium infliguntur*, dit Paul. (D.

22, 1, 17, § 3.) Des cas nombreux dans lesquels la mora ne peut avoir lieu à l'encontre du débiteur ont été signalés par les jurisconsultes ; nous nous dispenserons de les énumérer, parce que nous ne les croyons pas limitatifs. Le principe qui domine est une cause de retard légitime de la part du débiteur. On peut en voir des exemples. (D. 22, 1, lois 21, 23, 24, etc., etc.)

La sommation doit être faite par le créancier ; mais il peut être représenté par un mandataire ou par un negotiorum gestor, nec hoc casu per liberam personam adquiri videtur, sed officium impleri. (D. 22, 1, 24, § 2.) Il est indispensable qu'elle soit faite à la personne même du débiteur. Une sommation faite à l'esclave du débiteur absent ou à son procureur est considérée comme insuffisante à produire des effets juridiques ; c'est ce que décide la loi 32, § 1, D. 22, 1.

L'interpellation, pour être efficace, ne peut se faire *ante diem*, c'est-à-dire avant l'exigibilité de la créance (D. 45, 1, 49, § 3), et elle doit avoir lieu opportuno loco. Du reste, la demeure étant une question de fait plutôt qu'une question de droit, le juge a plein pouvoir pour apprécier si elle existe. (D. 22, 1, 32.)

Le taux de l'intérêt sera fixé par lui ex more regionis ubi contractum est, sans qu'il puisse cependant dépasser l'usure légitime. (D. 22, 1, 1.)

Justinien décide que le taux de l'intérêt conventionnel sera suivi dans la fixation faite par le juge. (C. 4, 32, 26, § 1.)

Tout ce que nous avons dit ci-dessus concerne les intérêts moratoires dus ex personâ, c'est-à-dire résultant de la sommation valablement faite au débiteur. Mais il arrive aussi que les intérêts sont dus sans interpellation aucune, par la nature même du contrat, par la cause de la dette ou par la qualité des personnes.

On dit alors que la demeure a lieu *ex re*.

Elle s'applique à tous les cas de non-exécution d'une obligation à terme, quand une clause pénale a été stipulée. C'est du moins ce que décide Justinien, qui nous apprend qu'il y avait autrefois controverse sur ce point, et qu'il régnait une grande confusion dans les lois anciennes sur la matière. « Que » le débiteur sache bien, dit Justinien, qu'il ne peut » plus se soustraire à l'effet de la clause pénale en » prétendant que personne ne l'a averti ; car ses » engagements doivent rester gravés dans sa mé- » moire, et il ne peut exiger qu'ils lui soient rap- » pelés par ses créanciers. » (C. 8, 38, 12.)

Nous avons cité plus haut la loi 1, § 1, D. 22, 1, en vertu de laquelle l'associé doit l'intérêt sine morâ, c'est-à-dire ex re ipsâ, des choses qu'il a détournées à son profit.

Le mandataire obtient sans sommation l'intérêt des sommes qu'il a déboursées pour le mandant ; il peut être condamné également aux intérêts des valeurs qu'il détient comme mandataire, quand il n'a pas exécuté son mandat. (D. 17, 1, 12, §§ 9 et 10.)

Il y a même raison de décider dans la negotiorum gestio. (D. 3, 5, 19, § 4. — C. 4, 32, 13. — D. 22, 1, 37.)

L'acheteur doit les intérêts du prix non payé du jour de la tradition; car il jouit de la chose, et il est très-juste qu'il paye l'intérêt de son prix comme équivalent de la jouissance. (D. 19, 1, 13, § 20.) La demeure ex re existe au profit des mineurs dans tous les contrats de bonne foi, les fidéicommis et les legs. (Const. de Dioclétien et de Maximien. — C. 2, 41, 3.)

De même, dans le cas de restitution de tutelle, les intérêts courent jusqu'au jour du jugement ou de la restitution, selon qu'elle est judiciaire ou volontaire. (D. 22, 1, 4, § 3.)

Enfin les intérêts sont dus en vertu d'un privilége accordé au fisc. Il ne paye pas d'intérêts, mais il en reçoit de tous ses débiteurs en retard de le payer.

C'est ce qui a lieu lorsqu'il a contracté lui-même; il en est autrement quand il a succédé aux droits d'un tiers. (D. 22, 1, 17, §§ 5 et 6.) Le cessionnaire du fisc peut exiger des intérêts non stipulés d'une dette payée au fisc, relativement au temps où le débiteur a été en demeure avant le payement. (D. 22, 1, 43.)

Nous venons de dire que la demeure re ipsâ existe au profit des mineurs dans les fidéicommis et les legs. L'effet de la mora ex re a été généralisé, et l'on peut dire qu'elle finit par s'appliquer à tous les cas de dettes à échéance fixe, que la fixation de cette échéance provienne de la loi, d'un testament ou d'un contrat. (D. 50, 10, 5.)

Les intérêts des legs et des fidéicommis sont dus à partir de la litis contestatio (C. 6, 47, 1 et 4), à moins que le testateur n'ait décidé qu'ils commenceront à courir à une autre époque. Autrefois, quand le débiteur d'un legs per damnationem refusait de l'accomplir et niait qu'il en fût chargé, il était condamné au double (1).

La demeure dans les legs per vindicationem ne devait produire aucun effet, puisque le légataire était libre de revendiquer l'objet de son legs quand il le voulait. Sous Justinien, tous les legs ont une seule et même nature ; le légataire a trois actions pour les poursuivre : la rei vindicatio, à moins que l'objet du legs ne soit tel que la propriété n'en puisse être transférée ; la condictio ex testamento ou actio legati et l'action hypothécaire. La règle inficiando lis crescit n'a plus sa raison d'être ; seulement le débiteur d'un legs pieux fait aux églises, qui tarde à s'acquitter, est condamné au double (2).

Une constitution de Sévère et d'Antonin, insérée

---

(1) Mais il fallait qu'il y eût dénégation de la part du débiteur, et que le legs fût d'une valeur déterminée (certa constituta), comme il résulte d'un texte de Paul, Sent. 1, 19 ; Inst. de Just., 3, 27, 7.

(2) Schulting, De usuris.

au Code, 6, 47, 1, semble assimiler déjà les legs et les fidéicommis dus re ipsâ.

Pour les fidéicommis, dès le temps de Gaius, les intérêts couraient à partir de la litis contestatio. (Gaius, Com. 2, § 280.) Les legs suivirent bientôt la même règle.

Enfin une constitution de Justinien décide que les legs faits aux églises produiront intérêt de plein droit. (C. 1, 3, 46, § 4.)

Quand les intérêts sont dus par la nature même du contrat ou par un privilége personnel au créancier, ils ne commencent à courir que du jour où celui qui doit le prix a reçu tradition de la chose. (D. 22, 1, 16, § 1.)

La demeure du débiteur est purgée par le payement, par la novation, même opérée à l'insu du créancier (D. 46, 2, 8), et par la demeure du créancier (D. 46, 3, 72, § 2).

Dans les contrats de droit strict, les intérêts ne peuvent être dus citra conventionem; nous savons, en effet, que l'action ne peut comprendre que ce qui est rigoureusement déduit dans le contrat. Renfermé dans une pure question unilatérale de droit civil, le juge ne peut se régler que sur les principes de ce droit, sans prendre en considération aucune circonstance d'équité ou de bonne foi.

Il existe cependant quelques actions ayant un caractère restitutoire, dans lesquelles tous les fruits perçus par le défendeur, même avant la litis contestatio, doivent être restitués, par exemple la condictio indebiti (1).

Selon M. de Savigny, ces principes ne doivent pas être établis d'une façon absolue; il faut faire une distinction : pour les prêts d'argent, la certi condictio empêchait les intérêts d'être compris dans le jugement; pour le prêt d'autres quantités, la incerta condemnatio; par son expression indéterminée quanti ea res est, laissait au juge la faculté, en la forme, de comprendre les intérêts dans le jugement. Sans doute la règle des intérêts moratoires s'étendait aussi aux actions libres qui ne portaient pas le nom de bonæ fidei actiones, particulièrement aux actions prétoriennes et aux extraordinariæ actiones (2). Au temps de Justinien, la procédure formulaire a fait place à la procédure extraordinaire; dès lors il est difficile de comprendre comment le juge, n'étant plus tenu de suivre une formule rigoureuse, ne pourrait pas accorder les intérêts dans les actions de droit strict.

DES INTÉRÊTS DUS EN VERTU DE L'ACTION JUDICATI.

La sentence du juge opère novation. Le capital et les intérêts se réunissent pour former une

_____

(1) M. Ortolan, t. 2, p. 193 et note 5.
(2) M. de Savigny, livre vi, p. 130.

même dette (consummatum est quantitas sortis et usurarum) productive elle-même d'intérêts; totius summæ usuras posteà colligi. Ceci n'arrive qu'autant que la sentence a statué sur les intérêts ; quant aux intérêts conventionnels, ils sont dus par eux-mêmes. Si le créancier, demandant le payement du principal, oublie les intérêts échus, ou si cette négligence est commise par le juge, il pourra toujours les poursuivre par l'action qui leur est propre. Mais si, étant dus citra conventionem, le juge a oublié de les adjuger, ils sont périmés, attendu qu'ils n'existent qu'autant que le juge l'a décidé. Le demandeur pourra encore les faire comprendre dans la sentence en interjetant appel. (C. 4, 32, 13.)

Le débiteur a deux mois, à partir de la sentence, pour se libérer. Passé ce délai, si le montant de la condamnation n'a pas été soldé, le créancier peut agir par l'action judicati.

Si le débiteur reconnaît le fait de la sentence et l'obligation qu'elle a engendrée, le juge alors, dans les legitima judicia, en vertu de son imperium, et statuant extra ordinem, ordonne des mesures d'exécution.

Au contraire, c'est-à-dire si l'existence de la sentence est deniée, le préteur délivre la formule de l'action judicati, en vertu de laquelle le défendeur qui succombe est condamné au double. (D. 42, 1, 7.—C. 7, 54, 3. —Gaius, Com. 4, §§ 9, 25, 171.)

Le débiteur peut être contraint de donner la caution judicatum solvi, non point comme garantie des intérêts que peut produire l'action judicati, mais pour ceux dont la cause, dépendant d'un événement futur, a été déduite dans l'action. (D. 5, 1, 41.—D. 17, 2, 38.) Car, pour les intérêts résultant de l'inexécution de la sentence, il est au pouvoir du débiteur qu'ils ne soient jamais dus, et il n'appartient pas à l'office du juge de statuer pour le temps qui suivra la condamnation. (D. 22, 1, 1, § 2.)

S'il y a appel, le délai de deux mois ne court que du jour de la sentence d'appel. Il faut toutefois distinguer si l'appel est fondé ou s'il est téméraire; car, dans ce dernier cas, le juge pourra condamner le demandeur aux intérêts.

Si le juge d'appel omet de le condamner, on donnera alors au créancier une action utile pour les intérêts en vertu de la première sentence. (D. 42, 1, 64; —D. 49, 1, 24; — D. 22, 1, 41.)

La loi des Douze Tables avait fixé un délai légal de trente jours entre la condamnation et l'exécution. Æris confessi trigenta dies justi sunto (1).

Nous voyons par diverses lois au Digeste et au Code que le délai de trente jours fixé par les Douze Tables avait été doublé.

D'après les lois 2 et 31, D. 42, 1, le juge a un pouvoir en quelque sorte discrétionnaire pour diminuer ou étendre le délai accordé au condamné. Il a également la libre fixation du taux des intérêts. (C. 7, 46, 1.)

---

(1) Aulu-Gell. Noct attic. 20, 1 et 25, 13.— Gaius, Com. 3, § 78.

Justinien apporte à cette matière des modifications profondes. Les intérêts échus ne viendront plus se joindre au capital pour produire de nouveaux intérêts. Jàm constituimus usurarum usuras penitùs esse delendas (1).

Le taux des intérêts est fixé à la centésime dans l'action judicati. Le délai accordé au débiteur pour satisfaire à la condamnation est de quatre mois, et ce privilége est étendu aux fidéjusseurs ; tandis que, dans l'ancien droit, les mandataires et les fidéjusseurs ne jouissaient pas même du bénéfice de deux mois, et pouvaient être poursuivis aussitôt la sentence rendue. (C. 7, 54, 3.) Cette disposition est également applicable après la sentence d'appel.

Nous abordons ici une question délicate : le défendeur condamné doit restituer les fruits de la chose litigieuse dont le demandeur a été privé pendant la durée du procès. Lorsque la chose litigieuse est une somme d'argent, il s'agit de savoir si les intérêts de cette somme doivent être restitués comme fruits, et si, en général, le demandeur peut réclamer des intérêts que M. de Savigny qualifie de judiciaires. Nous suivrons cet auteur sur cette question, aujourd'hui encore l'une des plus controversées.

Il est bien évident que si des intérêts moratoires

---

(1) Déjà Théodose avait opéré des changements sur ce point : Post sententiam usuræ duplices non utriusque debiti currant, sed capitis quidem duplæ, usurarum verò simplæ. (Loi première, C. Th. de usuris rei judicatæ.)

sont dus avant le litige, ils continuent à courir pendant toute la durée du procès; alors il n'est plus question d'intérêts judiciaires, puisqu'ils sont absorbés par les intérêts moratoires. La question des intérêts judiciaires ne se présentera que dans deux cas : quand il n'existe pas de mora, ou quand il n'est pas dû d'intérêts moratoires, malgré l'existence de la mora, comme dans les actions de droit strict.

Le principe des intérêts judiciaires est nettement posé par Ulpien. (D. 22, 1, 34.)

Nul doute que dans le droit primitif on ne pouvait réclamer par une action de droit strict que l'objet même du contrat, et non les fruits échus depuis, en vertu de la mora.

Mais Cassius et Sabinus nous donnent cette règle : Ex æquitate fructus post acceptum judicium præstandos putant. (D. 22, 1, 38, § 7.) Si donc, d'après le texte d'Ulpien, les intérêts doivent être assimilés aux fruits, il résulte évidemment de cette combinaison qu'à partir de la litis contestatio le défendeur à la demande d'une somme d'argent doit les intérêts, quelle que soit la nature de l'action (1).

Cette théorie s'applique parfaitement à la pétition d'hérédité. Le possesseur de bonne foi évincé de l'hérédité paye, à partir de la litis contestatio, les fruits qu'il a recueillis et ceux qu'il a négligé de percevoir; quant aux choses antérieurement vendues, c'est à partir de la litis contestatio qu'il en doit l'in-

(1) M. de Savigny, l. vi, page 145.

térêt, et ce, quand bien même il aurait négligé de recouvrer le prix de la vente. (D. 5, 3, 20, § 11.—D. 5, 3, 20, § 15. — C. 3, 31, 1, § 1.) Cette rigueur appliquée au possesseur de bonne foi s'explique aisément : on considère que, le procès étant engagé, le possesseur est en faute, et on lui applique les règles qui concernent le possesseur de mauvaise foi : incipit esse malæ fidei possessor. L'interprétation du paragraphe 14 de la loi 20, D. 5, 3, fait difficulté. Papinien dit : Si le possesseur a trouvé dans la succession des sommes non placées faisant partie des biens du défunt, et s'il n'y touche pas, il ne peut être contraint à en payer les intérêts. Selon M. de Savigny, il s'agit ici d'une somme destinée par le père de famille à demeurer improductive. Le possesseur, dans ce cas, ne saurait être condamné pour avoir administré selon la volonté et les habitudes du père de famille.

La loi 62, D. 6, 1, semble admettre une nouvelle exception. Notre principe se trouve posé dans la première partie de cette loi ; puis nous trouvons que, quant à l'argent déposé auquel le possesseur ne touche pas, celui-ci ne sera pas tenu d'en servir les intérêts. Il y a divergence d'opinion sur le sens du mot *pecunia deposita*. Selon M. de Savigny, il s'agirait encore d'argent destiné à ne pas être placé, comme dans l'exemple précédent. Mais l'interprétation la plus logique consiste à dire qu'il est question ici d'argent mis en dépôt ; la sommation d'avoir à payer n'ayant pas eu lieu, le dépôt existe toujours, et on

ne peut réclamer du possesseur le payement des intérêts d'un dépôt auquel il n'a pas touché.

Nous pensons que le principe des intérêts judiciaires doit être restreint à quelques cas particuliers ;
car il est impossible d'admettre que la litis contestatio
fasse toujours courir les intérêts (1). Ils semblent
être la peine du dol ou de la mauvaise foi ; c'est ce
qui résulte de ces textes : Nam planè qui agit certus
esse debet (D. 50, 17, 42); d'où l'on peut tirer un
argument à contrario : Qui sine dolo malo ad judicium
provocat, non videtur moram facere (D. 50, 17,
63). Mais nul doute que le juge ne puisse fixer la
mora à l'époque de la litis contestatio ; car , si nous
nous reportons à la loi 32, D. 22, 1, nous voyons
que la question de savoir quand il y a mora est
laissée à l'appréciation du juge.

DE L'INTÉRÊT MARITIME.

Le nauticum fœnus est, chez les Romains, le prix
des deniers fournis pour une entreprise maritime;
soit que la somme elle-même soit transportée, soit
qu'on la convertisse en marchandises d'après les
conventions , les risques de mer sont à la charge du
prêteur, quandiù navigat navis, et l'emprunteur est

---

(1) Lite contestatâ usuræ currunt doit, selon M. de Savigny, se tra-
duire ainsi : les intérêts continuent à courir pendant la litis contes-
.atio, et non commencent à courir à partir de la litis contestu...
·D. 22, 1, 35. Paul.)

libéré si la chose vient à périr pendant la traversée (1). D'où le nom de trajectitia pecunia donné à l'objet de ce prêt: trajectitia pecunia est quæ trans mare vehitur. (D. 22, 2, 1.)

Si un créancier prend en gage des marchandises qui se trouvent à bord d'un autre navire que celui où se trouve son argent prêté, il ne saurait exercer son recours sur ces marchandises. Dans les prêts ordinaires, la diminution du gage regarde le débiteur, et non le créancier; dans le nauticum fœnus, la condition est que le créancier ne pourra demander qu'autant que le navire sera heureusement arrivé au temps convenu. Si la condition ne se réalise pas, il perd sa créance.

Quand le navire sera arrivé au port, si les gages qui avaient été affectés à sa créance ont été perdus par quelque accident, ou vendus à vil prix, ou si le navire vient à périr dans le port, le créancier qui, dans ces cas, aura perdu son gage sans être tenu des risques, pourra recourir sur les cargaisons des autres vaisseaux engagés. (D. 22, 2, 6.)

La chose prêtée venant à périr dans le port, ou même en mer, par la faute du débiteur, périt pour son compte. Le navire doit faire la traversée dans le terme convenu, intra statuta tempora, pour que les

(1) Ces risques peuvent porter sur le navire, ou sur une certaine partie du navire, ou sur la cargaison, affectés au payement de la créance.

4

risques ne soient pas à la charge de l'emprunteur.
(D. 22, 2, 6.)

Un pacte nu suffit dans le nauticum fœnus pour
faire courir les intérêts ; le créancier peut les demander par voie d'action. (D. 22, 2, 7.)

Le taux des intérêts est illimité (Paul, Sent. 2, 14,
3), à raison des dangers auxquels s'expose le prêteur. Justinien le réduisit à la centésime. (C. 4, 32,
26, § 1.) Si les risques demeurent à la charge de
l'emprunteur, on ne peut, dans ce cas, excéder le taux
légal des usures terrestres. (D. 22, 2, 4.)

Quant à la fixation du taux des intérêts, on assi-
mile au nauticum fœnus les conventions de prêt
dans lesquelles les risques de la chose sont pour le
prêteur : ainsi, nul doute qu'on puisse prêter de
l'argent à un pêcheur à condition qu'il le rendra avec
de fortes usures s'il fait une bonne pêche, ou à un
athlète, s'il remporte le prix. Mais il faut qu'il y ait
alea. (D. 22, 2, 5.)

DU TAUX DE L'INTÉRÊT.

LÉGISLATION DES DOUZE TABLES. — MOYENS DE CON-TRAINTE CONTRE LES DÉBITEURS.

Nous avons terminé l'exposé de la théorie de
l'usure en droit romain. Un capital devenait productif d'intérêts par la stipulation ; sa formule
rigoureuse *Spondesne ? Spondeo*, propre aux seuls
citoyens, se trouva bientôt insuffisante quand Rome

eut étendu les limites trop restreintes de son empire.
Des relations de commerce et des traités d'alliance
avec des peuples qu'elle devait bientôt subjuguer
rendirent nécessaire l'extension du contrat *verbis*
aux pérégrins.

Les paroles solennelles de la *sponsio* ne leur
furent pas accordées ; mais on autorisa l'emploi de
termes équivalents, auxquels la jurisprudence préto-
rienne attribua l'effet de l'antique stipulation.
(Gaïus, Com. 3, § 93.)

Le préteur modifia profondément le droit primitif
par l'introduction des pactes ; destinés d'abord à
produire une exception insérée dans la formule,
nous les trouvons aussi munis d'actions du droit
civil. Puis le juge eut le pouvoir d'accorder des intérêts en dehors de toute convention, dans les contrats de bonne foi et dans certains autres cas qui leur
furent assimilés. Que cette innovation ait été produite par une disposition législative formelle, ou
qu'elle se soit introduite et perpétuée dans l'édit du
préteur, son origine semble remonter au siècle
d'Antonin. Enfin nous avons vu l'arbitraire succéder
au droit, et les constitutions impériales créer des
règles d'exception en faveur de certaines personnes.

Il nous reste à examiner la législation romaine au
point de vue des entraves qui ont été successivement
apportées à la libre fixation du taux des intérêts.

Tacite nous apprend que la loi des Douze Tables
défendit de prêter au delà de l'*unciarium fœnus*.

Nam primò XII Tabulis, ne quis unciario fœnore ampliùs exerceret, quàm anteà ex libidine locupletum agitaretur (1).

Quel sens faut-il donner à cette expression *unciarium fœnus?* En un mot, quel était le taux de l'intérêt sous la législation des Douze Tables? Aucune question n'a été l'objet de plus vives controverses ; nous exposerons les quatre grands systèmes auxquels elle a donné lieu.

Dans une première opinion, on prend l'as pour capital, et le mois comme laps du temps nécessaire à la production de l'intérêt. L'usure oncière s'élèvera à une once par mois, ou au douzième de l'as, ce qui équivaut à un taux de 100 0/0 par an (2). L'exagération de ce système ne permet pas d'admettre qu'il ait été législativement établi ; tout rapport entre la production agricole ou commerciale et le produit de l'argent se trouve brisé. Il est évident, dit M. Nieburh, que celui qui possède assez de biens pour offrir une garantie au créancier pourrait vendre à moins de 50 0/0 de perte, et cette opération, comparée à un emprunt de ce genre, serait encore un bénéfice.

Une seconde opinion non moins radicale que la précédente, mais en sens inverse, a su, malgré son invraisemblance, réunir les plus imposantes autorités (3). Le capital n'est plus l'as, c'est le nombre cent

(1) Tacite, Annal. 6, 16.
(2) Coquille sur Nivernais, T. des cheptels, 21, art. 15.
(3) Pothier, Montesquieu, Dumoulin, Saumaise et Cujas.

emprunté aux Grecs ; le laps de temps est l'année de douze mois. L'usure oncière représente une once d'intérêt par an pour cent onces de capital. Bien que ce système, au point de vue historique et économique, semble insoutenable, il s'appuie cependant sur de très-graves considérations grammaticales.

On trouve dans les écrivains romains toute une nomenclature, tenue pour authentique, de l'as et de ses divisions en douze onces, comparés au nombre cent.

As usurarium, c'est 12 0|0 ;

Deunces, douze onces moins une, c'est-à-dire 11 0|0 ;

Dextantes ou *decunces*, un as moins 2 onc., 10 onces, 10 0|0 ;

Dodrantes, ou *nonunciæ*.	9 onces.
Besses, l'as moins un tiers, ou. . .	8
Septunces.	7
Semisses, moitié de l'as, ou. . . .	6
Quincunces.	5
Trientes, le tiers de l'as, ou. . . .	4
Quadrantes, le quart de l'as, ou. .	3
Sextantes, le sixième de l'as, ou. .	2

Enfin, et pour compléter la nomenclature, *unciurium fœnus* signifie une once par an, ou 1 0|0 d'intérêt.

Si tel est le sens de la disposition législative dont parle Tacite, n'est-ce pas là une prohibition de l'intérêt ?

Comment alors admettre les récits de Tite-Live,

qui nous montre le peuple encore accablé sous les usures des patriciens, malgré un tel abaissement du taux?

Comment concevoir que le capital pût être égalé par l'accumulation des intérêts? Enfin, que dire du législateur qui, pour atteindre son but, fixerait d'abord un pour cent, puis, après dix ans, pour mieux manifester son mécontentement, descendrait à un demi, et enfin, après quatre autres années, viendrait à formuler nettement sa pensée en interdisant nettement tout prêt à intérêt (1)? Dans la loi 47, § 4, D. 26, 7, Scævola nous donne l'exemple d'un testateur qui permet aux tuteurs de se servir, s'ils le jugent convenable, des deniers de son fils, en en payant l'usure oncière. Ne serait-il pas vraiment ridicule d'admettre que, dans ce cas, l'intérêt est de 1 0|0 par an? Ne serait-ce pas là une véritable donation, et alors la clause *si voluerint* serait-elle sérieuse? Que penser, du reste, d'un père qui prendrait la peine d'assurer le placement des capitaux de son fils à 1 0|0, quand le taux légal est de 12?

Du reste, cette nomenclature sur laquelle s'étaye ce système ne semble pas antérieure à Cicéron, et, à cette époque, des lois nouvelles avaient bien modifié les Douze Tables. Quant au nombre cent pris comme type du principal aux habitudes grecques, tout porte à croire qu'il fut étranger dans le principe

(1) M. Nieburh.

au mode de calculer les intérêts à Rome. Plus tard il s'y introduisit, on ne saurait le nier; mais, au temps des Douze Tables, la république était presque inconnue à la Grèce, et l'ambassade que les décemvirs y envoyèrent, bien qu'attestée par la plupart des historiens romains, est mise en doute aujourd'hui par bon nombre d'esprits éminents.

Dans une troisième opinion, le capital est représenté par cent onces, et les intérêts par l'as et ses fractions. L'*unciarium fœnus* est une once par mois, ou un as pour l'année, ce qui équivaut à 12 0|0 par an (1).

Enfin le système qui, aujourd'hui, compte le plus de partisans, a été présenté par M. Nieburh. Il a été accepté et reproduit par MM. de Savigny, Giraud, Ortolan, Troplong et plusieurs autres savants jurisconsultes. Nous allons en donner l'analyse.

L'assertion de Tacite, corroborée par un passage de Caton (2), établit d'une façon incontestable que la première disposition législative concernant le taux de l'intérêt a été posée dans la loi des Douze Tables. Un grand nombre d'auteurs, parmi lesquels se distingue Montesquieu, sont d'un avis opposé, et assignent à la fixation du taux de l'intérêt une date plus récente : le motif qu'ils en donnent est que Tite-

---

(1) Hotman, Scaliger, *De usuris*; M. Michelet, *Hist. rom.*, t. I, p. 154.

(2) Caton, De re rustic. in præm. Majores nostri sic habuerunt : itaque in legibus posuerunt, furem dupli damnari, feneratorem quadrupli.

Live, qui ne pouvait ignorer la loi des Douze Tables, est muet sur cette disposition. Un oubli de Tite-Live ne saurait, ce nous semble, établir une grave présomption d'erreur chez un historien d'une autorité aussi grande que Tacite; nous ne pouvons admettre qu'il ait ignoré une loi que chaque enfant apprenait par cœur (1).

Admettons donc pour constant que l'*unciarium fœnus* fut décrété par la loi des Douze Tables. Il s'agit de rechercher à quel taux il correspond.

La loi des Douze Tables ne fut point une conquête violente de la démocratie sur l'aristocratie romaine; ce fut une transaction, une trêve librement consentie par chaque parti; les patriciens y conservèrent toute leur influence. Si l'on étudie dans Tite-Live les discordes de ces temps, on voit combien souvent l'ambition, l'orgueil et surtout l'avarice de cette caste puissante et privilégiée *(patrum malignitas)* causèrent de troubles dans la ville. Seuls possesseurs de grandes richesses que chaque conquête venait encore augmenter, ils écrasaient le peuple sous les plus lourdes usures. Par là ils se créaient une source de profits qu'aucun frein ne venait restreindre, et ils étendaient leur influence sur tous les malheureux que la détresse forçait d'avoir recours à eux. C'était un puissant moyen d'action pour dominer le peuple et le comprimer. Il est donc naturel de penser qu'ils

_____

(1) Le respect dû à sa mémoire, dit noblement M. Niebuhr, s'oppose à cette hypothèse.

ne permirent pas l'établissement d'un intérêt trop minime, qui aurait atteint une des principales sources de leur fortune et de leur crédit ; d'un autre côté, le peuple souffrait trop encore des usures sanglantes des patriciens pour ne pas exiger la fixation d'un taux modéré.

L'as de cuivre, valant douze onces, fut naturellement choisi comme type du capital par des législateurs qui n'avaient pas d'autre monnaie ; et ceci est tellement vrai que, bien postérieurement à cette époque, nous voyons cette expression désigner un sort, un capital.

L'as, nous l'avons dit, se divisait en douze onces ; donc *unciarium fœnus* est une once d'intérêt pour un as, c'est-à-dire le douzième du principal, ce qui donne 8 1/3 p. 0/0 pour l'année de dix mois, et 10 p. 0/0 pour l'année de douze mois.

Toute espèce de doute devrait disparaître, si l'on possédait en entier un passage de Festus, qui, mutilé de ses derniers mots, parle néanmoins d'une *lex unciaria* du dixième du capital. Voici ce remarquable fragment, écrit au temps de Sylla, qui reproduit l'expression dont nous recherchons le sens : *Unciaria lex dici cœpta est quam L. Sulla et Q. Pompéjus tulerunt, quâ sanctum est ut debitores decimam partem... sortis annuis usuris penderent*, selon Niebuhr, — *creditoribus solverent*, selon Dacier. Cette loi prescrivait donc aux débiteurs de payer la dixième partie du principal à titre d'intérêt, ou, d'après la seconde restitution, elle rétablissait l'usure oncière de

la loi des Douze Tables. Quelle que soit l'interprétation que l'on donne de ce fragment, il résulte clairement que *unciaria lex* veut dire loi sur le dixième,
ce qui, en tenant compte de la substitution de l'année
civile à l'année cyclique, concorde parfaitement avec
notre hypothèse sur l'*unciarium fœnus*.

Que si l'on s'inquiète d'expliquer les divisions de
l'as dont nous avons parlé plus haut, *deunces, dex-
tantes,* etc., nous dirons qu'elles appartiennent à un
autre ordre de choses. La loi a fixé un maximum,
c'est l'*unciarium fœnus*. Que, dans la pratique, il ait
été divisé, soit pour arriver à un règlement mensuel
des intérêts, usage qui semble s'être de bonne heure
établi à Rome, soit que les contractants voulussent
abaisser le taux légal, probablement la langue avait
des expressions propres, tombées en désuétude
avec un nouveau système. C'est quand les idées et
les habitudes grecques eurent fait invasion à Rome,
à l'époque des Scipions, que l'on commença à
compter d'après un procédé nouveau et tout étranger au système monétaire romain. A l'instar de la
mine attique, qui représentait cent drachmes, on
opéra sur un capital de cent onces, et on en fixa
l'intérêt au centième par mois, c'est-à-dire à une
once; alors on exprima la centésime par les divisions de l'as que nous avons énoncées plus haut.
C'est ce qui explique ces deux vers de l'*Art poétique*
d'Horace :

> Romani pueri longis rationibus assem
> Discant in partes centum deducere.

A l'occasion de la loi des Douze Tables dont nous venons de parler, il nous est impossible de passer sous silence la condition qui avait été faite eux débiteurs par cette législation. Nous ne voulons point prétendre qu'elle ait créé un état de choses nouveau ; nous pensons, au contraire, qu'elle n'a fait que conserver et adoucir peut-être un usage déjà bien établi. Nous allons examiner les moyens de contrainte sur la personne du débiteur, d'après la loi des Douze Tables.

Quand le condamné se refusait à exécuter la sentence, après le délai légal de trente jours avait lieu la *manûs injectio;* le débiteur était saisi et conduit devant le juge, qui le livrait à son créancier ; on le nommait *addictus.* Assimilé en fait à l'esclave et traité à peu près comme tel, la loi avait pris soin de régler le poids de ses fers , et elle avait poussé la sollicitude jusqu'à exiger de celui qui le détenait une livre de farine par jour pour soutenir son existence. C'était, comme on le voit, une condition fort dure , mais bien plus terrible encore, si l'on songe qu'à Rome il n'y avait que des prisons particulières. Tout patricien avait un *ergastulum* destiné à renfermer ses débiteurs. La seule différence qui existât entre l'esclave et l'*addictus*, c'est que ce dernier ne subissait point une *capitis deminutio*. Enchaîné, soumis aux travaux les plus pénibles, ayant parfois à supporter les plus odieux outrages de la part de son créancier, aux yeux de la loi il n'avait perdu ni sa famille, ni la cité, ni la

liberté ; s'il se libérait, il reprenait l'exercice inté-
gral de ses droits.

Il était amené, de neuvaine en neuvaine, devant le
magistrat, à trois marchés consécutifs ; on criait à
haute voix la dette pour laquelle il était *addictus*,
et malheur à lui s'il ne trouvait pas de *vindex*
qui pût satisfaire son persécuteur en le désintéres-
sant ou en donnant bonne et valable caution ! la loi
autorisait alors son créancier à le vendre au delà du
Tibre, et même à lui donner la mort. Elle poussait la
prévoyance jusqu'à statuer sur le cas où plusieurs
créanciers se trouveraient en concours. Les auteurs
nous ont conservé ces dispositions effrayantes, les
plus atroces qu'ait jamais contenues un code de lois :
Tertiis nundinis partis secanto ; si plûs minûsve secue-
rint, se fraude esto ; ce qui veut dire : après le troisième
marché, qu'ils se partagent ses membres, et qu'aucune contestation ne soit admise entre eux, si l'un en
coupe plus que les autres. On serait tenté, quelle
que fût la rudesse de ces temps, de refuser d'ajouter
foi à tant de cruauté, si nous n'avions à l'appui les
témoignages de Quintilien, de Tertullien, de Dion Cassius et d'Aulu-Gelle : ce dernier ajoute qu'il n'y eut pas
d'exemple de l'application de cette cruelle mesure.
Encore faut-il admettre, avec l'illustre restaurateur
des antiquités romaines, M. Nieburh, que, toute ré-
voltante que semble cette loi, elle avait bien sa raison
d'être. « Pour juger équitablement les auteurs de la
» loi, il faut considérer qu'ils avaient à vaincre les
» forces réunies de l'obstination et de l'avarice, pas-

» sions qui avaient, dans le caractère romain, des
» racines également profondes. Devant ces passions,
» les voies de douceur devaient souvent rester sans
» effet ; elles demeuraient impuissantes pour con-
» traindre au payement ceux qui avaient les moyens
» de se libérer (1). »

Malgré toutes ses rigueurs, la loi décemvirale fut accueillie comme un bienfait, au dire de Cicéron et de Tite-Live. Le peuple avait obtenu une limitation du taux de l'intérêt, avec la sanction du quadruple pour qui la dépasserait. Le droit exorbitant du créancier sur la personne de son débiteur ne pouvait s'exercer qu'après certains délais et certaines formalités, pendant lesquels ce dernier pouvait se libérer ou fournir un *vindex ;* enfin l'institution des tribuns du peuple, qui, un demi-siècle environ avant les décemvirs, était née des excès des patriciens sur leurs détenus pour dettes, protégeait le pauvre contre le riche, l'opprimé contre l'oppresseur.

A côté de l'*addictus* se trouvait le *nexus,* dont nous dirons aussi quelques mots. La situation de l'un et de l'autre offre une grande analogie. *Nexum,* c'est l'engagement de la personne du débiteur comme garantie de la dette ; c'est le droit de gage appliqué à la personne même. Il serait inexact de croire que le *nexum* fût toujours volontaire ; c'était assurément le cas le plus fréquent, mais il pouvait résulter aussi soit de la nature du contrat, soit d'un délit.

(1) Nieburh, t. IV, page 392, traduction de M. de Golbéry.

On admet assez généralement que, dans le *nexum*, l'exécution sur la personne était directe et laissée, sans jugement, à l'arbitraire du créancier (1). Dans l'origine, dit M. Nieburh, le *nexus* ne pouvait pas plus traiter valablement que celui qui était *in potestate* ou *in manu*. C'est reconnaître que dans le principe le *nexum* entraînait une *capitis deminutio*; la législation des Douze Tables en aurait fait disparaître cet effet. Pendant sa détention, le débiteur travaillait à l'acquittement de sa dette, ce que nous atteste ce passage de Varron : *dat suas operas in servitutem.*

LÉGISLATION POSTÉRIEURE A CELLE DES DOUZE TABLES.

La question des dettes, malgré le règlement fait par la loi des Douze Tables, devait être encore une cause fréquente de troubles et de séditions. Le peuple était très-pauvre ; un champ composé de quelques jugères et le butin fait à la guerre étaient ses seules ressources (2). Quand l'un et l'autre manquaient, la détresse était horrible. C'est ce qui advint après le sac de Rome par les Gaulois, l'an 368 de Rome. La ville et les alentours furent saccagés de fond en comble. Le Brenn et ses soldats emportèrent tout ce qui pouvait avoir quelque valeur; l'invasion avait été si prompte, que les citoyens n'avaient pas eu le temps de sauver ce qu'ils avaient de plus précieux,

(1) M. Giraud.

(2) Le jugère contenait 25 ares 27 centiares, selon M. Nieburh, t. IV, p. 129, note 189.

et tel était l'état de la fortune publique à cette époque, qu'à peine trouva-t-on mille livres d'or pesant pour éloigner le vainqueur. Il fallut reconstruire la ville, relever les dieux domestiques et reprendre la culture des champs : le peuple emprunta. Il est difficile d'admettre qu'à la suite d'une si grande calamité, quand le numéraire avait presque entièrement disparu, et que chacun avait recours aux emprunts, le taux de l'usure oncière fût maintenu. Qu'une loi l'ait abrogé, ou qu'il ait été violé d'un commun accord, la position des débiteurs devint tellement désastreuse, que Manlius, le sauveur du Capitole, crut pouvoir exploiter à son profit les malheurs publics. Il sacrifia une grande partie de son patrimoine à briser les fers de ses anciens compagnons d'armes dont il se fit une sorte de garde. Accusé de tendre à la tyrannie, on sait quelle fut la fin tragique de ses ambitieux projets.

Les séditions continuèrent, et en l'année 378 fut rendue la loi Licinia, sous le tribunat de C. Licinius Stolon et de L. Sextius. La troisième rogation de cette loi fameuse dégreva les débiteurs des intérêts de leurs dettes, en les imputant sur le capital, qui devait être soldé d'année en année, en trois termes égaux. Du reste, elle resta muette sur le taux de l'intérêt.

Les tribuns M. Duilius et L. Menenius rétablirent l'*unciarium fœnus*, l'an 398 ; il avait donc été abrogé, et sans doute avant l'époque des rogations liciniennes. Car, comme le remarque Nieburh, s'il eût encore existé au moment où fut rendue la loi

Licinia, des créanciers impitoyables n'eussent pas manqué d'outre-passer le taux fixé, et il n'aurait été besoin que d'abandonner aux débiteurs l'amende du quadruple revenant à l'État, au lieu de leur faire remise des intérêts.

En 408, une loi décréta la réduction de l'*unciarium fœnus* au *semiunciarium*, ce qui équivaut, d'après notre système, à 5 0/0 par an. Ce taux, déjà trop faible, si l'on tient compte de la situation économique de Rome, ne satisfit cependant pas le peuple, et cinq ans après, c'est-à-dire en 413, une loi proposée par le tribun Genucius abolit tout à fait l'intérêt du prêt. Soit qu'elle n'ait pas été observée, soit qu'elle ait été abrogée presque aussitôt qu'elle parut, tout porte à croire qu'elle ne se maintint pas, car en 440 fut portée la loi Pœtelia, du nom du dictateur C. Pœtelius Libon. Cette loi fit disparaître le *nexum* pour l'avenir, c'est-à-dire l'engagement de la personne, et le fit cesser pour tous les débiteurs qui possédaient assez de biens pour se libérer. Quant aux *addicti*, la loi les protégeait contre les fers, excepté ceux qui y étaient condamnés pour crime.

Désormais, au lieu du corps, la fortune devait répondre des dettes, et cela de deux façons :

1° Par la vente avec clause de fiducie ;

2° Par la vente des biens du débiteur, qui les indiquait à son créancier : cette indication devait être complète, et celui qui la faisait devait prêter serment. C'est là le *juramentum bonæ copiæ*, ainsi que l'appelle Varron. La contrainte par corps existait

toujours pour ceux qui n'avaient pas de biens ou
qui refusaient ce *juramentum*. Les historiens nous
racontent dans quelles circonstances fut rendue
cette importante loi. Le fils d'un des tribuns mili-
taires qui avaient subi l'humiliation des fourches cau-
dines s'était engagé par le *nexum*, afin de pourvoir
aux funérailles de son père. Il supportait patiem-
ment une dure servitude, quand son maître le
somma de satisfaire à d'infâmes désirs, *cum stuprum
juberetur pati* (1). Il parvint à gagner le Forum, où
il ameuta le peuple. Son créancier paya de sa tête
la peine de son crime, et les patriciens durent céder
au courroux populaire en abolissant le droit impie
du *nexum*. Plus tard, sous Auguste, une loi Julia
de cessione bonorum permit au débiteur malheureux
et de bonne foi d'éviter l'*addictio* et l'infamie résultant de la vente de ses biens, en faisant abandon de
tout ce qu'il possédait à ses créanciers, qui se
payaient après la vente. (C. 7, 71, 4.)

L'amour immodéré du gain avait suggéré un ingénieux moyen pour tirer des débiteurs des usures
excessives. Comme les alliés et les Latins n'étaient
pas soumis aux lois romaines, on prêtait sous leur
nom et par leur intermédiaire; souvent c'était un
affranchi dont le nom figurait dans l'acte. « La loi,
» dit Montesquieu, n'avait donc fait que soumettre
» le créancier à une formalité, et le peuple n'était
» pas soulagé. » Un plébiscite, dû à l'initiative du

(1) Denis d'Halycarnasse.

5

tribun Marcus Sempronius, vint porter remède à cet état de choses en 560. Il obligea les Latins et les alliés à déclarer la somme des capitaux prêtés sous leur nom, et, pour éviter toute fraude à l'avenir, il les assujettit au droit commun en matière de prêt. Puis, en 618, cette mesure fut étendue par la loi Gabinia à tous les provinciaux. Barnabé Brisson pense que la loi Gabinia avait défendu de donner une action pour l'écrit contenant une convention d'intérêts supérieure à la centésime. Mais c'est là une erreur, comme l'établit Noodt, qui cite à ce propos la loi 29, D. 22, 1. Les anciens, dit-il, tenaient pour nul tout ce qui excédait le taux légal; mais ils permettaient de poursuivre le reste par la maxime *utile per inutile non vitiatur.*

Cependant Rome avait conquis le sceptre du monde; l'Afrique, l'Asie, la Macédoine, la Grèce, l'Italie tout entière, les Gaules et les Espagnes étaient soumises à sa domination; les guerres puniques, suivies de la ruine de Carthage, avaient enseigné aux Romains l'art de la navigation; la conquête de la Grèce et de l'Asie les avait initiés aux usages du commerce, si habilement pratiqué par les populations du littoral; les mœurs et les arts de la Grèce, avec le luxe efféminé de l'Orient, avaient envahi l'Etat. Le peuple conquérant était conquis par les vaincus; il subissait le prestige d'une civilisation plus avancée à laquelle il sacrifiait la simplicité de ses pères. Mais l'avarice insatiable des anciens Romains s'était encore accrue; des fortunes énormes

s'étaient formées des dépouilles des ennemis et s'aug-
mentaient encore par les exactions des gouverneurs
des provinces. Tout se vendait à Rome : justice, suf-
frages, honneurs publics, et la république succom-
bait sous les dictatures de Sylla et de César.

De toutes parts affluaient à Rome des étrangers
qui venaient en suppliants ou en solliciteurs ; la ville
regorgeait de flots de peuple. Le commerce, autrefois
si restreint, y prit une extension nouvelle, principalement le commerce de l'argent. Les comptoirs des
argentarii jouèrent un grand rôle à l'époque de
chaque élection. Les étrangers se livrèrent à la
banque avec ardeur. C'est alors que les coutumes
grecques furent introduites. L'as, avec ses fractions,
ne se prêtait que difficilement au calcul des intérêts
réglés chaque mois aux calendes. Un sénatus-consulte,
rendu en 703, fixa le taux de l'intérêt à la centésime
par mois. Le capital, figuré par le nombre cent, rap-
portait mensuellement un centième, c'est-à-dire
douze pour cent par an, taux qui semble à peu près
en rapport avec la situation économique de Rome
à cette époque. Le numéraire était devenu bien plus
abondant ; mais le commerce, et particulièrement le
nauticum fœnus, devait produire d'énormes profits.
Les chevaliers et même les patriciens, par l'entre-
mise soit de leurs affranchis, soit de leurs esclaves,
se gardèrent bien de négliger une industrie aussi
lucrative.

Sous les empereurs, la centésime se maintint ;
mais l'avidité des créanciers chercha souvent les

moyens d'éluder la loi. Les constitutions impériales prohibèrent l'usure, sous quelque forme qu'elle se présentât. Tantôt le prêteur d'une somme d'argent exigeait le remboursement en denrées, et nous savons que la loi n'avait pas limité le taux des fruits liquides ou secs ; tantôt on joignait à l'intérêt légitime une peine du double ou du triple, en cas de non-payement à l'échéance. Il arrivait aussi que l'on retranchait du sort principal une certaine somme à titre de rémunération ; ou bien, si on prêtait à un marchand, on exigeait un supplément en marchandises. Ces gains illicites étaient retranchés, et l'on ramenait tout au taux légitime. Mais la peine prononcée contre les usuriers par la loi des Douze Tables était tombée en désuétude, et aucun frein ne retenait plus les prêteurs. Elle fut rétablie par une constitution de Théodose et d'Arcadius. (Loi **2**, C. Théod. *de usuris.*) La peine qu'ils édictèrent fut seulement du double. Justinien ne l'ayant pas insérée dans son Code, elle se trouve abrogée sous cet empereur.

Nous avons parlé plus haut d'une disposition législative qui faisait cesser le cours des intérêts quand ils avaient atteint le chiffre du principal (*computatio dupli*). Nous ignorons à quelle époque remonte cette mesure, qui semble très-ancienne. Elle existait sous les empereurs, et Justinien la maintint dans son Code. D'après le taux de la centésime, la *computatio dupli* pouvait s'opérer dans un espace de huit années et quatre mois. Plutarque raconte que Lucullus, gouverneur en Asie, parvint à délivrer sa province des usures qui l'écrasaient, en établissant la *computatio dupli*. Diodore de Sicile rapporte qu'on obtint en Égypte un semblable succès en employant le même moyen.

Le taux de la centésime avait semblé bien lourd, même aux beaux temps de l'ère impériale; Sénèque la traite de *sanguinolens*. Les citoyens honnêtes et modérés se contentaient d'un intérêt de 6 0/0, que Pline appelle *civilis et modicus;* Antonin le Pieux et Alexandre-Sévère ne plaçaient leur argent qu'à 4 0/0.

Justinien, sous l'influence des idées chrétiennes, qui, depuis Constantin, avaient gagné le trône des Césars, opéra un remaniement complet des lois sur le taux de l'intérêt.

Constantin avait défendu, en 318, de stipuler, dans le prêt de denrées, un intérêt supérieur à la moitié de la valeur prêtée. Justinien, après avoir appliqué au *nauticum fœnus*, jusqu'alors illimité, le taux de la centésime, réduisit encore le taux des prêts de denrées. On ne pouvait plus prêter aux agriculteurs des fruits liquides ou secs, en exigeant d'eux plus d'une mesure sur huit, c'est-à-dire 12 1/3 p. 0/0 ; en cas de contravention, le capital tout entier était perdu; et, dans les prêts d'argent, les agriculteurs ne pouvaient payer plus d'une silique par sou (1).

(1) La silique, rapporte Isidore, est la vingt-quatrième partie d'un sou. Le fisc exigeait du vendeur la moitié d'une silique sur chaque vente faite les jours de marché; l'acheteur avait pour lui l'autre moitié. On voit, d'après cela, que la silique par sou correspond au taux de 4 1/3 p. 0/0.

Justinien permit aux négociants de prêter *usque ad bessem centesimæ*, c'est-à-dire à 8 0/0. En dehors de ces cas, le taux légal fut fixé à 6 0/0, *dimidia centesimæ*.

Enfin les personnes illustres, *sive eas præcedentes*, c'est-à-dire la famille impériale, ne purent prêter *ultra tertiam partem centesimæ*, ou 4 0/0.

La loi 33, D. 12, 1, défendait aux gouverneurs des provinces et à ceux qui les entouraient de se livrer au négoce et de prêter à intérêt; mais il leur était permis d'emprunter. (D. 12, 1, 34.)

Dans la crainte que sa loi ne fût éludée, Justinien défendit sévèrement dans le prêt l'interposition de personnes; il recommanda de poursuivre la fraude, et permit, dans ce cas, de déférer le serment. (C. 4, 32, 26, § 1, *in fine*.)

Quant à l'anatocisme, il paraît constant qu'il avait été toléré sous l'empire de la loi des Douze Tables et sous la plupart de celles qui avaient suivi. Cicéron, gouverneur de la Cilicie, avait permis l'*anatocismus anniversarius*. Prohibé par la loi de 703, il ne fut rétabli par aucun empereur (1), et Justinien l'interdit de nouveau. (C. 4, 32, 28.)

Cédant aux suggestions des évêques et des docteurs chrétiens, et sous prétexte d'empêcher la violation de cette loi de Dieu qui commande la charité, l'empe-

---

(1) Avant Justinien et sous les empereurs, il était permis seulement de convertir en un capital productif des intérêts déjà échus. Nous le trouvons défendu formellement par la loi 26, § 1, D. 12, 6.

reur Basile le Macédonien supprima complétement le prêt à intérêt. Son œuvre ne lui survécut pas, et son fils, Léon le Philosophe, en revint aux lois de Justinien. Peu de gens, dit-il dans sa constitution, sont assez vertueux pour suivre les sublimes proscriptions de la parole divine, et, sans prétendre atteindre à cette perfection, il serait à désirer que chacun observât scrupuleusement les lois humaines. Depuis la constitution de son père, le mal n'a fait qu'augmenter, et personne n'a voulu prêter dans le seul but d'obliger les nécessiteux.

APERÇU HISTORIQUE.

DE L'ACTION DU DROIT CANONIQUE SUR LE PRÊT A INTÉRÊT, ET DES ORDONNANCES RENDUES SOUS LA MONARCHIE.

L'empire romain avait été toujours s'affaiblissant. Les luttes du Forum avaient fait place aux combats des gladiateurs, et ce peuple, autrefois si avide de liberté et de pouvoir, n'élevait plus la voix que pour demander du pain et des spectacles, *panem et circenses*. Les barbares, refoulés d'abord, se pressaient plus nombreux aux portes de l'Etat. Un despotisme énervant, une administration avide et rapace avaient partout semé l'inertie et la misère. Les provinces se dépeuplaient, les terres restaient en friche; Rome conservait à peine un semblant d'existence. Elle dictait pourtant encore ses ordres absolus, et l'on obéissait sans résistance au prestige de son nom. Mais ce grand corps était chancelant; le moindre choc devait le terrasser. La classe moyenne avait disparu, absorbée par les proscriptions et les guerres civiles; il n'y avait plus que des pauvres et des riches; encore le nombre de ceux-ci allait toujours diminuant sous le système oppressif d'une fiscalité sans exemple, au point que bientôt la détresse fut universelle. Les empereurs eux-mêmes n'avaient qu'un pouvoir nominal. Au gouvernement des affranchis succéda celui des préfets du prétoire, qui, selon leur caprice ou leur intérêt, brisaient le fantôme qu'ils devaient garder. À peine si ces révolutions duraient quelques heures ; le palais était le théâtre accoutumé de ces lugubres tragédies, et le monde apprenait avec indifférence qu'il venait de changer de maître. L'armée ne pouvait plus se recruter dans l'État, tant était grande la dépopulation ; on vit les ennemis de Rome encombrer les légions, et un barbare, ceint de la pourpre, occuper le trône des Césars. En vain Trajan avait cherché à arrêter ces hordes du Nord qui s'amoncelaient aux frontières de l'empire ; il avait même élevé une barrière pour les contenir. Vains efforts ! le vieil édifice croulait de toutes parts. Dioclétien tenta de le sauver ; la charge était trop lourde pour le bras d'un seul homme, il divisa l'administration de l'État. La décentralisation aurait pu rendre la vie aux provinces, mais il n'était plus temps. Quand les barbares prirent le chemin de Rome, personne ne se leva pour tenter une lutte devenue impossible ; le vieil héroïsme romain, qui avait conquis le monde, ne put se réveiller une heure, non pour vaincre, mais pour périr avec honneur !

Une religion nouvelle, qui avait trouvé de nombreux prosélytes et de fervents adeptes dans les premiers siècles de l'empire, n'avait pu retarder le moment de la chute ; elle fut néanmoins d'un grand secours aux vaincus, en ce qu'elle adoucit les horribles conséquences de la conquête. Elle se chargea de civiliser et de convertir les farouches sectateurs d'Odin. Partout accueillie avec une respectueuse déférence et bientôt adoptée par les vainqueurs, dès cette époque elle joua un grand rôle. La vieille société allait se fondre dans une société nouvelle; l'élément teutonique allait se mêler aux débris du monde romain, pour reconstituer de nouvelles nationalités.

Le christianisme, proclamé par Constantin religion de l'État, avait trouvé accès, en Orient, dans les conseils des princes; nous devons rechercher quelle fut son influence sur les destinées du prêt à intérêt.

Appliquant à la loi positive ce qui n'est qu'un conseil de morale évangélique, et s'autorisant d'un texte de saint Luc : *Mutuum date nihil indè sperantes*, l'Eglise primitive défendit formellement le prêt à intérêt. Le quarante-quatrième canon des apôtres s'exprime ainsi : « *Episcopus aut presbyter, aut diaconus,* » *usuras à debitoribus exigens, aut desinat, aut certè* » *damnatur.* » C'était la défense appliquée aux seuls membres du clergé. Cette règle fut consacrée par le concile de Nicée tenu en 325; ce concile œcuménique ne s'occupa que des clercs; il prononça la peine de la déchéance des ordres contre ceux qui se livreraient au prêt à intérêt. Cette restriction s'explique historiquement : sans doute les évêques n'ont pas voulu heurter en face la législation de Constantin, le premier prince chrétien qui fût arrivé à l'empire; ils avaient le plus grand intérêt à le ménager, et ils auraient pu craindre, en empiétant sur ses droits de législateur, d'ébranler dans sa foi, encore mal assurée, la confiance du nouveau converti.

Plus tard, le concile appelé *in trullo* restreignit cette défense aux seuls clercs majeurs, c'est-à-dire à l'évêque, aux prêtres et aux diacres; encore n'est-ce que le taux de la centésime qui leur est interdit. L'habitude de l'usure avait pénétré si avant dans les mœurs des populations de l'Orient, que l'Eglise renonça à la déraciner; la loi civile, du reste, protégeait le prêteur. Nous avons vu combien fut vaine et éphémère la tentative de Basile pour établir la gratuité du prêt.

Mais si les conciles restèrent muets sur les usures laïques, les Pères grecs firent souvent retentir la chaire de leur éloquente réprobation. Saint Basile et son frère saint Grégoire, évêque de Nysse, saint Grégoire de Nazianze, et surtout saint Jean-Chrysostôme, combattirent énergiquement un usage si peu conforme aux enseignements divins. Aux textes des Écritures ils joignaient les citations de la philosophie profane; Aristote, Caton l'Agronome, Plutarque et Cicéron leur prêtaient le secours de leur brillante argumentation. A côté de la ruine et de la misère des emprunteurs, qu'ils représentaient sous les couleurs les plus touchantes, ils plaçaient cet argument, emprunté à la politique d'Aristote, qui consiste à dire que l'argent, stérile de sa nature, ne peut produire de fruits. Nous examinerons bientôt, pour le réfuter, ce sophisme célèbre qui domina, pendant tant de siècles, le prêt à intérêt, et qui ne fut législativement renversé que par notre révolution.

La haute morale des Pères grecs et leurs pieuses prédications restèrent inefficaces; la coutume, d'accord avec la loi écrite, l'emporta sur l'austérité évangélique. Les peuples ne purent renoncer à une source de profits qui avait pour elle la consécration des siècles. L'Eglise elle-même, cédant aux nécessités du temps, n'avait pas osé interdire l'usure modérée à ses membres : « Les règles de la discipline, » dit M. Troplong, avaient dû composer avec des » habitudes que les plus hauts enseignements n'a- » vaient pu vaincre. » Ainsi, les idées chrétiennes produisirent, sous Justinien, un abaissement dans le taux de l'intérêt, mais elles furent impuissantes à le faire rejeter de la loi civile.

Quel fut le rôle de l'Église en Occident ?

Dès l'année 305, le concile provincial d'Elvire, en Espagne, avait proclamé l'immoralité des bénéfices provenant du prêt, et l'avait défendu tant aux clercs qu'aux laïques. Cette mesure était prématurée, et il ne semble pas qu'elle ait troublé l'exercice de l'usure. Les Pères de l'Église latine firent tous leurs efforts pour déraciner le mal. S'inspirant des Pères de l'Église grecque, qui les avaient précédés dans leur croisade contre le prêt, saint Ambroise, saint Jérôme et en Afrique saint Augustin, tentèrent de proscrire l'usure au nom de la loi de Dieu. « Avez- » vous prêté à celui qui avait ou à celui qui n'avait

» pas ? dit saint Jérôme. S'il avait, pourquoi lui
» prêter ? S'il n'avait pas, pourquoi lui en deman-
» dez-vous davantage, comme s'il avait ? »

Ce dilemme, qui semble aujourd'hui bien peu
rigoureux, donne une idée exacte des misères de
ce temps. Le prêt ne pouvait rendre de services que
comme œuvre de charité ; il n'y avait plus de commerce, plus d'industrie, plus d'agriculture. On em-
pruntait, non plus pour tâcher de s'enrichir, mais
seulement pour vivre. Les produits de l'impôt, toujours grossissant et toujours plus difficile à percevoir,
servaient à calmer l'impatience des barbares ; ils
prélevaient les revenus de l'empire, en attendant
qu'ils se distribuassent ses derniers lambeaux.

Cependant les évêques ne se contentaient plus de
prêcher la morale du Christ ; ils intervenaient déjà
dans toutes les questions politiques, pour condamner
ou pour absoudre. Le dernier des Césars, ou du
moins le dernier qui semble encore digne de porter
ce grand nom, Théodose, courbait la tête et se sou-
mettait, comme un simple pénitent, à l'expiation
publique qu'exigeait saint Ambroise pour le crime
de Thessalonique. La papauté avait surgi d'abord
timide et faible ; sous les derniers empereurs, elle
avait jeté les fondements de son immense domination. L'établissement des barbares augmenta son
prestige et sa puissance. Rome reprit avec elle l'empire du monde qu'elle avait perdu, et, au moyen
âge, nous voyons les rois devenus les tributaires et
les justiciables des successeurs de saint Pierre.

Les papes et les conciles unirent leurs efforts ; la loi civile résista longtemps. Au v⁰ siècle, selon le témoignage de Sidoine Apollinaire, le prêt à intérêt florissait dans les Gaules ; les défenses du Saint-Siége étaient à peine observées même dans le clergé : pourtant, en 445, une décrétale de saint Léon interdisait aux laïques et aux clercs *usurariam pecuniam exercere*.

Ce n'est que sous nos rois de la deuxième race que nous trouvons les premières dispositions législatives répressives du prêt à intérêt. Les Capitulaires de Charlemagne, de 789 et de 813, interdirent les usures à tous sans exception : *Omninò omnibus interdictum est ad usuram aliquid dare*. Engagés dans cette voie funeste, les successeurs de Charlemagne continuèrent à maintenir la prohibition. C'est alors que le mot usure change d'acception ; il devient synonyme d'extorsion, de fraude et de vol. Le concile de Latran considérait comme infâmes, écartait de la communion et privait de la sépulture ecclésiastique tous ceux qui prêtaient à intérêt. Nous nous dispenserons de faire le relevé de tous les conciles qui prononcèrent l'anathème contre les usuriers ; mais tenons pour constante la réprobation perpétuelle de l'autorité religieuse, et examinons les infractions qui furent apportées aux lois d'interdiction, soit par les coutumes, soit par des décrets accidentels.

Comme il est impossible à un grand État de vivre sans commerce, et que le commerce ne s'alimente que par le prêt, les rois furent bientôt forcés de tolérer en fait ce qu'ils prohibaient en droit. Pour sauver la chrétienté tout entière et la préserver de la contagion des usuriers, ils sacrifièrent des hommes déjà maudits et les vouèrent à l'exécration des peuples : nous voulons parler des Juifs et des Lombards.

Les princes de la France, moyennant beaux deniers comptants, leur concédèrent le droit de dresser des tables de prêt et de faire la banque avec leurs sujets ; cette concession était considérée alors comme l'exercice d'un droit régalien, et ne pouvait s'obtenir que du souverain. Ainsi, tandis que les chefs de l'État, d'accord avec l'Église, proclamaient l'intérêt contraire au droit naturel et sanctionnaient sa prohibition par des peines sévères, ils reconnaissaient qu'il était nécessaire, et se faisaient eux-mêmes les infracteurs de leurs lois en concédant à prix d'argent ce qu'ils avaient défendu. Ce droit fut entre leurs mains la source de gains considérables; on peut dire qu'il dégénéra promptement en une mesure purement fiscale. Quant aux particuliers qui prêtaient, il leur était non-seulement défendu de stipuler un intérêt, mais encore de recevoir la moindre gratification de leurs débiteurs.

Dumoulin rapporte l'histoire de ce bourgeois, « lequel avait souvent prêté et aydé de son argent » aux pauvres rustiques et indigens sans aucun » profit et intérêt, sinon que les uns, en lui rendant » le sort, lui faisaient quelque petit présent volontaire » selon leur capacité; les autres, qui ne pouvaient

» sitôt rendre au terme, lui faisaient semblable-
» ment quelque petit présent, et avaient proroga-
» tion au délay du sort principal sans autres pac-
» tions ou extorsions. » A sa mort, sa mémoire fut
poursuivie par l'évêque, et, malgré l'intervention des
pauvres qui louaient hautement sa charité, « la mé-
» moire dudit défunct fut damnée et infamée, et lui
» déclaré usurier mental, parce que l'on présumait
» que, en prestant si souvent ou prorogeant le terme
» de payer, il avait en espérance que l'on lui ferait
» lesdits petits présents. Conséquemment condamné
» à restitution, non à ceux qui avaient baillé, ains
» aux autres pauvres ou choses piteuses, comme
» l'évesque adviserait. »

A côté d'une semblable rigueur, et sans doute
comme contre-partie, Dumoulin nous montre les
gens d'église beaucoup moins scrupuleux pour eux-
mêmes : « Et selon ceste tierce sublimation, se doi-
» vent entendre et justifier les usures que exercent
» plusieurs chapitres, colléges ou communautés de
» gens d'église au pays de Bourbonnais et autres lieux
» de ce royaume, lesquels prestent publiquement
» à ladite usure et profit du denier 20, et leur est
» toléré. Mais il faut entendre : 1° que lesdites gens
» d'église ne prennent scientement ladite usure des
» indigens ausquels serait due aumosne ou prêt li-
» béral. » Et plus loin : « Aussi est à eradiquer
» une usure improbe et infâme qui s'est exercée de
» temps immémorial et encore aujourd'huy s'exerce
» publiquement au pays de Gascongne et Byern, par

» les gens d'église dudict pays , lesquels, pour en-
» tretenir les fondations de leurs chappellenies,
» baillent à profit ou intérêt de 10 0[0 par an l'ar-
» gent à eux laissé pour lesdites fondations, et font
» obliger le preneur de rendre le sort principal,
» outre les arrérages toutes et quantes qu'il en sera
» requis, qui est usure formelle, usure réprouvée
» mesmes par les profanes, et infâme de droict et en-
» core plus infâme à gens d'église, et encore plus
» quand telle méchanceté s'exerce sous l'imposture
» et prétexte de religion. »

Cependant les juifs, en butte aux spoliations des
princes et aux terribles châtiments de la cour de
Rome, poursuivirent avec une persévérance infati-
gable leur goût pour l'usure. Les édits fixaient à
l'argent un taux déjà très-élevé; les juifs ne s'en con-
tentèrent pas, et ils virent bientôt qu'on ne se servait
d'eux que pour tirer du peuple le plus d'argent
possible ; quand on supposait leurs coffres pleins,
un édit prononçait contre eux la confiscation et le
bannissement. Ils firent alors payer cher aux emprunteurs les périls de leur profession, et jamais on
ne vit usures plus sanglantes. Ce système d'extorsions, commencé par Philippe-Auguste , fut suivi
par le plus grand nombre de ses successeurs.

Tout le profit entrait dans le trésor des princes,
« comme si la prohibition d'usure était une illusion
» de peuple, et une vraye retz pour faire tomber les
» deniers du peuple au fisque des seigneurs, comme
» non subjects à ladite prohibition. » Leur autorisa-

6

tion recevait parfois la sanction ecclésiastique, ce qui, au dire de Dumoulin, amenait un partage entre l'autorité civile et l'autorité religieuse ; et , ajoute-t-il , « lesdits docteurs esdits lieux , après longues » et labourieuses disputations, concluent que c'est » chose licite, que lesdits statuts et pactions » vallent et obligent, que lesdits seigneurs ne les peu-» vent plus révoquer ni modérer lesdites usures. Et » n'ont eu honte de dire et dogmatiser que le pape » a puissance de faire que péché ne soit point » péché. »

Saint Louis, entraîné par sa piété, trouva inique d'encourager et de tolérer même une industrie que la morale chrétienne avait condamnée depuis long-temps. Il révoqua donc les établissements de prêt autorisés par ceux qui l'avaient précédé, et il or-donna l'expulsion de tous les juifs de son royaume. Mais le saint roi ne voulut pas s'emparer de leurs richesses, exemple digne d'éloges, qui rencontra peu d'imitateurs. Saint Louis ne prenait cette mesure que pour écarter de son peuple les souillures des juifs ; ses successeurs les rappelèrent pour les pres-surer : c'était , nous l'avons dit, un moyen habituel de battre monnaie.

Philippe le Bel fit arrêter, dans la nuit du 1er mai 1291, tous les marchands italiens qui se trouvaient sur le territoire du royaume. Ils furent jetés dans les cachots et dépouillés, sous le prétexte de prêts usu-raires. En 1310, pour diminuer la crise financière provoquée par la refonte et l'altération des mon-

naies opérée par un prince que la postérité a flétri
du nom de faux monnayeur, les Italiens et les juifs
furent rappelés, et des priviléges royaux leur concédèrent le droit de faire la banque au taux de 20 0/0.
Puis ils furent expulsés de nouveau, et l'on confisqua
leurs biens. Dès cette époque on établissait une différence entre les usures ordinaires et les usures fo-
raines, sur lesquelles nous aurons bientôt occasion
de revenir. Philippe le Bel avait prononcé la perte de
corps et de biens, dans le cas d'usure excessive, par
son ordonnance du mois de juillet 1311, et cette
peine avait été confirmée par son ordonnance du
mois de décembre 1312. Ces peines si rigoureuses
furent maintenues pendant toute la durée de la mo-
narchie. Nous ferons observer qu'on ne punissait
que l'usure habituelle; un fait isolé ne pouvait suffire pour motiver une condamnation; mais, en matière d'usure, la règle *testis unus, testis nullus*, dis-
paraissait, et la peine n'était appliquée qu'au cas où
plusieurs faits étaient établis au moins par dix témoins; mais un seul témoignage était suffisant pour
constater un fait d'usure.

Charles IV, en 1327, enjoignit aux Italiens et
Oultremontains, presteurs et casseniers, de fré-
quenter les foires de Champagne, à peine d'expulsion
du royaume. Les rois avaient enfin compris que le
commerce ne peut exister sans crédit. Les juifs repa-
rurent momentanément sous Louis le Hutin; le privilége royal qui leur garantissait l'exercice du prêt
pendant douze années fut encore violé.

Sous Philippe VI, les persécutions recommencèrent contre eux : « Pour excessives et insupportables usures que faisaient plusieurs prêteurs italiens, casseniers, usuriers, dont la clameur du peuple nous est venue, nous avons fait prendre eux et leurs biens, » dit le texte de l'édit (1). Son ordonnance de 1349 proscrivit toute stipulation d'intérêt dans les obligations, à l'exception de l'intérêt qui se paye pour l'argent prêté dans les foires de Brie et de Champagne, depuis transférées à Lyon.

Au mois de mars 1361, sous le règne de Jean le Bon, les juifs furent encore rappelés pour vingt années, à la charge par eux de payer une rente annuelle au trésor. On leur permit de prendre six deniers par livre d'intérêt par semaine ; quarante semaines d'intérêt égalaient ainsi le capital (2).

Le privilège accordé aux foires de Lyon fut reconnu par tous les rois de France (3) ; leurs ordonnances ne fixaient pas le taux de l'intérêt, qui suivait par conséquent des variations nombreuses. Les foires de Lyon avaient lieu quatre fois l'an, de trois mois

---

(1) Brillon rapporte, d'après Graverol sur la Rocheflavin, que dans les poursuites exercées par Philippe de Valois contre les juifs, il fut prouvé que, pour 240 mille livres, ils avaient tiré en peu d'années 24 millions 300 mille livres d'usures.

(2) M Henri Martin, t. V, page 231.

(3) Nous indiquerons seulement les ordonnances de Louis XI en 1462, de Henri III en 1580 et 1581, de Henri IV en 1601, de Louis XIII en 1634, et celles de Louis XIV en 1665, 1673 et 1670.

en trois mois ; d'une foire à l'autre, l'argent produisait, au temps de Dumoulin, 4 1/2 p. 0/0, ce qui équivaut à 18 0/0 par an. L'illustre jurisconsulte s'élève contre de semblables usures, et il nous apprend qu'il a fait ses efforts auprès de puissants personnages pour les faire supprimer. Il lui avait été répondu que la question avait été agitée au conseil, et qu'on avait considéré l'existence des banques lyonnaises comme indispensable aux besoins non-seulement des marchands, mais de toutes autres personnes. Le même auteur rapporte que maint prélat n'a pas craint d'y emprunter de fortes sommes, jusqu'à dix mille écus pour six années au taux de 40 0/0 par an, « qui est usure la plus énorme et barbarique qui » fût oncques. » Il est vrai que ces emprunts étaient destinés à accélérer l'arrivée de Rome de bulles portant investiture d'abbayes ou d'évêchés.

François 1er, en 1544, avait établi une banque à Lyon, où le roi prenait l'argent d'un chacun à 8 0/0, afin d'attirer en France les finances de tous côtés et faire fonds à l'avenir pour en frustrer les ennemis. Henri II, prince dissipateur, en abusa, et le gouvernement finit par perdre son crédit : l'intérêt monta à 10, 12 et 16 0/0 (1).

Cependant l'étude du droit romain avait commencé à refleurir dès avant le treizième siècle ; la chute de Constantinople, arrivée au milieu du quin-

---

(1) Bodin, de la Rép., livre VI, page 681. Ce fait est également rapporté par Dumoulin.

zième, jeta en Occident bon nombre d'érudits et de jurisconsultes qui apportèrent avec eux les derniers débris des lettres et des sciences de l'Orient. Certaines provinces de France, qui avaient subi plus complétement l'influence de la domination romaine, avaient conservé un vieil attachement pour sa législation, que les coutumes barbares n'avaient pu faire entièrement disparaître. On distingua les pays de coutume et ceux de droit écrit. Dans ces derniers surtout, on ne tint pas compte des prohibitions ecclésiastiques, ou on les éluda. Ainsi, dans les parlements de Grenoble, de Pau, dans les pays de Bresse, Bugey, Gex et Valromey, on permit de stipuler des intérêts dans les obligations, et ils étaient dus à compter du jour où il avait été convenu qu'ils seraient payés sans que besoin fût de sommation, demande ou condamnation (1). Dans la province de Dauphiné, les intérêts couraient du jour de la demeure de payer l'obligation, lorsqu'il y avait promesse de payement à un jour fixe et déterminé, à peine de tous dépens, dommages et intérêts. Cette condition dispensait de toute interpellation judiciaire et équivalait à la stipulation de ces mêmes intérêts (2).

Le parlement de Toulouse défendait bien de stipuler des intérêts, excepté entre marchands fréquentant les foires de Lyon et pour cause de marchandises ; mais quand il arrivait, en dehors de ces cas,

---

(1) La même tolérance existait dans la province d'Alsace.

(2) Bretonnier, Quest. de droit, *verbo* intérêt de l'argent prêté.

que des intérêts eussent été payés, l'édit du mois de septembre 1679 ne permettait pas de former une demande en restitution, ou de les imputer sur le capital, à moins qu'ils ne fussent excessifs (1). La même jurisprudence était suivie au parlement de Bordeaux (2). Le parlement de Provence admettait qu'une demande judiciaire faisait courir les intérêts (3). La conservation de Lyon étendait à tous individus les priviléges accordés aux marchands fréquentant les foires de cette ville, pourvu que les billets ou obligations fussent payables en payement des foires, forme qu'on ne manquait guère de leur donner. On admettait aussi comme valable tout prêt à intérêt fait aux marchands de Lyon (4).

Enfin, une exception à la défense de prêter avait encore été admise en faveur des deniers pupillaires. Dans les pays coutumiers et de droit écrit, on permettait de placer à intérêt les deniers des mineurs, et voici le motif de cette infraction à la règle : les tuteurs étaient tenus de faire emploi des biens mobiliers de leurs pupilles, et même des épargnes de leurs revenus, sous peine d'en payer eux-mêmes les intérêts ; c'était donc pour sauvegarder les tuteurs qu'on avait levé la prohibition. Mais l'article 102 de la coutume d'Orléans ordonnait que les tuteurs, sur l'avis des parents, emploieraient les deniers pupil-

(1) Brodeau sur Louet.
(2) Fromental, au mot *intérêt*.
(3) Denisart, au mot *intérêt*.
(4) Bretonnier sur Henrys.

laires en acquisition de rentes ou héritages, à peine d'être tenus personnellement du profit de ces deniers, autrement dit de leur intérêt. La jurisprudence des pays coutumiers s'autorisa bientôt de cet article pour proscrire, même dans ce cas, le prêt à intérêt (1).

Le tuteur devait non-seulement les intérêts des sommes non placées dans les six mois, mais encore les intérêts des intérêts; et, observe Domat, cette coutume est juste, car l'on ne peut autoriser un tuteur à faire son profit des deniers d'un pupille. C'est aussi pour réparer le préjudice causé à ce dernier, qui eût touché les intérêts des épargnes de son revenu, si son tuteur avait pris le soin de les placer, que l'on permettait l'anatocisme; mais il était admis que les intérêts des intérêts ne pouvaient jamais produire de nouveaux intérêts.

Toutes les lois dont nous venons de parler ne concernaient que les intérêts accessoires au *mutuum* et non les autres contrats, à moins qu'ils ne fussent faits en fraude de la prohibition. Ainsi, on ne reconnaissait aucune usure dans l'intérêt légitime stipulé à l'occasion de la vente des choses mobilières ou immobilières produisant des fruits naturels ou industriels, ni dans les contrats d'assurance, de

(1) C'est ce qui résulte de l'arrêt du 28 août 1696, de celui du 20 janvier 1711, rendu sur les conclusions de l'avocat général Lamoignon, et de celui du 7 mai 1714, rendu en la grande chambre, avec ordonnance portant lecture et publication dans tous les siéges du ressort de la Cour pour servir de règlement.

grosse aventure, de société, enfin dans tous les contrats aléatoires ; les intérêts étaient considérés soit
comme une juste compensation de la privation de la
chose, soit comme l'équivalent des risques courus.

DES MOYENS EMPLOYÉS POUR RENDRE L'ARGENT PRODUCTIF.

Cependant le génie des peuples, entravé par ces
funestes ordonnances, cherchait à rompre ses
chaînes. On trouva des moyens détournés de faire
légalement ce que la loi défendait, et l'on vit les
combinaisons les plus ingénieuses apparaître, mas-
quant habilement le prêt à intérêt. Nous allons successivement passer en revue la rente constituée, le
contrat pignoratif, le mohatra et quelques autres
procédés à l'usage des prêteurs.

La rente constituée a de grandes analogies avec le
prêt à intérêt, et néanmoins elle en diffère essen-
tiellement en deux points : en ce qui concerne l'obligation de rendre, et en ce qu'elle est toujours rache-
table. Ce n'est pas un prêt, bien que son but soit de
faire fructifier des capitaux ; c'est, à proprement
parler, une vente. L'objet de la vente, c'est la rente
elle-même, considérée comme être métaphysique.
L'acquéreur devient propriétaire incommutable du
capital versé, qu'il n'est jamais tenu de rendre.

Le crédi-rentier, d'un autre côté, peut être contraint

à recevoir le remboursement : « Rentes constituées à » deniers sont remboursables à toujours, » dit Loysel (1). On a voulu trouver son origine dans la loi 2, C. 11, 32, et dans la Nov. 160 de Justinien. Quelle que soit l'interprétation que l'on donne à ces textes, nous pouvons affirmer que la rente constituée ne fut pas pratiquée à Rome. Pour s'introduire en France, elle commença d'abord par simuler la rente foncière, et toute rente constituée sembla avoir pour cause une aliénation immobilière. A son apparition, une croisade fut entreprise contre elle ; on s'efforça de démontrer qu'elle n'était qu'usure déguisée, et le fameux théologien Henri de Gand se porta le champion du système prohibitif. Une bulle du pape Martin V la reconnut pour licite en 1420, et son jugement fut ratifié par Calixte III en 1455.

Cependant, dans la pratique, on avait fini par enlever le voile qui semblait l'assimiler à la rente foncière ; l'assignat sur des terres, maisons ou autres héritages productifs avait disparu ; ce n'était pas un fonds qui garantissait le service de la rente, mais la personne même du débiteur et tous ses biens. En 1569, le pape Pie V déclara toute constitution de rente usuraire, si elle n'était assise sur des fonds déterminés et frugifères. Cette bulle ne fut pas reçue en France, et elle ne tarda pas à être modifiée.

---

(1) Un édit de François Ier ordonna, en 1539, que toutes les rentes constituées à prix d'argent sur les maisons des villes seraient rachetables à perpétuité.

La rente constituée prit très-promptement un immense développement; dès le XIIIe siècle, nous la trouvons d'un usage général; les particuliers, le clergé, l'État lui-même y eurent souvent recours. Le 27 septembre 1522, François Ier emprunta 200 mille livres à un peu plus de 8 0[0 d'intérêt, pour lesquelles il créa 16 mille 666 livres 13 s. 4 d. de rentes perpétuelles ; elles furent appelées rentes de l'hôtel de ville, parce qu'on les payait tous les semestres à bureau ouvert à l'hôtel de ville de Paris. Elles devaient être prélevées sur l'impôt du vin et sur la taxe du bétail à pied fourchu vendu à Paris. Ce fut là l'origine des rentes sur l'État, dont la création est due au chancelier Duprat (1).

Henri II, voulant contracter un emprunt et trouvant peu de crédit, défendit aux notaires, par son ordonnance de 1553, de passer aucun contrat de prêt entre particuliers au-dessus de 10 livres tournois de rente, jusqu'à ce qu'il eût emprunté le capital de 490 mille livres de rentes sur l'État. En 1558, ce même prince demanda aux états généraux la somme de 3 millions d'or, avec inscription de rente au denier 12. Le clergé s'exécuta ; il fournit un million sans intérêt ; le tiers état, encore au milieu des transports d'allégresse causés par la nouvelle de la prise de Calais, s'engagea à payer les deux autres millions. Il nous semble inutile de multiplier les citations pour montrer quel grand rôle a joué la rente constituée, en l'ab-

(1) M. H. Martin, t. VIII, p. 24.

sence du prêt à intérêt. Parmi les ordonnances qui ont élevé ou abaissé le taux de la rente, nous mentionnerons l'édit de juillet 1601, par lequel Henri IV fixa la rente au denier 16, c'est-à-dire au taux 6 1|4 p. 0|0 par an ; celui de décembre 1665, qui la fit tomber au denier 20. Pour favoriser le système de Law, dont les conséquences furent si funestes à l'État, un édit de mars 1720 abaissa le taux de la rente au denier 50, puis un second édit de juin 1724 le fit remonter au denier 30. En 1725, un nouvel édit remit en vigueur le denier 20, remplacé en 1766 par le denier 25, et enfin rétabli en 1770.

A côté de la rente constituée en perpétuel, se place la rente viagère, par laquelle le crédi-rentier aliène un capital qui ne peut jamais être remboursé, à la charge par le débi-rentier de servir des annuités pendant un temps qui ne peut excéder la vie du constituant, ou celle des personnes sur la tête desquelles elle a été établie. L'Église chercha en vain à l'atteindre ; elle s'implanta partout en France, où elle fut toujours d'un usage fréquent.

Le contrat d'antichrèse vint souvent au secours des prêteurs. Αντιχρησις, en grec, signifie usage contraire. C'est un contrat de gage par lequel un débiteur abandonne à son créancier la jouissance d'un immeuble dont les fruits se compenseront avec les intérêts ou seront imputés sur le capital. Le droit romain permettait l'antichrèse dans le prêt à intérêt, et le taux n'était pas limité, *propter incertum fructuum proventum*. (C. 4, 32, 17.) Quand une maison était donnée en antichrèse, dans le cas où la valeur locative était évidemment supérieure aux intérêts légitimes, on distinguait si elle était donnée en jouissance au créancier pour qu'il l'habitât ou pour qu'il l'a louât à un tiers. Dans le premier cas, le pacte d'antichrèse était toujours valable, parce qu'alors on considérait la maison comme louée à un prix moindre que sa valeur réelle; dans le second, au contraire, on suivait le droit commun, parce que l'on considérait qu'il y avait en quelque sorte délégation du prix du loyer au profit du créancier, ce qui constituait une usure déguisée. La stipulation d'intérêt étant défendue dans les pays coutumiers, l'antichrèse, accessoire à un contrat de prêt, le fut aussi. Dans les pays de droit écrit, la loi romaine que nous venons de citer sur les maisons données en antichrèse fut suivie avec ses distinctions. Quant aux héritages ruraux, on n'admit l'antichrèse que dans la limite de l'intérêt légitime, le produit du fonds approximativement estimé (1).

La vente à réméré servait aussi à dissimuler un prêt à intérêt, soit que les fruits de l'immeuble donné à réméré fussent supérieurs à l'intérêt légitime que l'acquéreur aurait pu tirer de son argent, soit que la faculté de rachat ne pût s'exercer que moyennant un prix plus considérable que le prix de la vente, soit

(1) C'est ce qui résulte d'un arrêt du parlement de Paris, rendu en la grande chambre, sur les conclusions de d'Aguesseau, alors avocat général, le 22 mai 1691.

enfin que ce prix de vente fût au-dessous de la valeur
réelle de l'immeuble. Quand le réméré devait s'exercer
dans un temps rapproché, il y avait présomption
que le vendeur avait voulu moins acheter qu'acquérir
un gage ; et quand plusieurs fois la faculté de rachat
avait été prorogée, on considérait que c'était une
continuation d'impignoration, afin de donner au
débiteur des facilités plus grandes pour rembourser.

Un autre mode à l'usage des prêteurs fut bientôt
signalé comme contenant une fraude à la loi : nous
voulons parler du contrat pignoratif, qui a une grande
ressemblance avec la vente à réméré. Il y a contrat
pignoratif quand, dans une vente faite avec faculté
de rachat, l'acheteur laisse le vendeur, à titre de
locataire, en possession de son héritage pour un
prix déterminé ; et, dans la matière qui nous occupe,
ce prix représente l'intérêt de l'argent prêté par
l'acheteur apparent. Les présomptions de fraude
devaient se rencontrer au nombre de quatre, pour
annuler le contrat : 1° *vilitas pretii ; 2° pactum de
retrocedendo ; 3° consuetudo fœnerandi ; 4° recon-
ductio.* Quand ces quatre circonstances se rencon-
traient, elles entraînaient une présomption *juris et
de jure* (1).

Plus avantageux pour le débiteur que l'antichrèse,
puisqu'il lui laissait la jouissance de son héritage,

(1) Le Prêtre, centurie 1, chap. 10. Cet auteur mentionne une
cinquième condition : « quand l'acheteur a stipulé les intérêts du
», prix, au cas que le vendeur le lui voulût rendre. »

le contrat pignoratif, très-rare dans les pays de droit écrit, était pratiqué principalement dans les coutumes d'Anjou, du Maine, de Touraine et de Lodunois.

A la suite des défenses usuraires faites aux clercs de l'Église d'Orient, et pour s'y soustraire, avait été inventé un moyen ingénieux de remplacer le prêt à intérêt par la combinaison de contrats permis par le droit civil et canonique : nous voulons parler des trois contrats. Le prêteur et l'emprunteur simulaient d'abord une société ; puis intervenait une vente, par laquelle le premier cédait au second son profit incertain dans cette société, pour un prix certain, et enfin avait lieu un contrat d'assurance de la part de l'emprunteur qui, moyennant une prime, garantissait au prêteur la restitution intégrale de son apport social. Cette façon adroite de tromper la loi n'avait pas réussi à s'établir en Orient; on l'avait promptement bannie. Mais, en Occident, les trois contrats firent fortune, et un grand nombre de casuistes, parmi lesquels s'est signalé le célèbre canoniste Navarre, tenaient pour légale cette manière de prêter à intérêt. « Les trois contrats, examinés séparément, étaient » reconnus licites; comment leur réunion et leur » mélange auraient-ils pu produire quelque chose » d'illicite? Un fruit vénéneux ne pouvait sortir de » ces souches bienfaisantes (1).

Écoutons Pascal, quand il expose les procédés

_____

(1) M. Troplong, Du prêt à intérêt, préface.

recommandés par le Père Bauny pour tirer honnê-
tement profit de son argent : « Méthode générale
» pour toutes sortes de personnes, gentilshommes,
» présidents, conseillers, etc., et si facile qu'elle ne
» consiste qu'en l'usage de certaines paroles qu'il
» faut prononcer en prêtant son argent. Celui à qui
» on demande de l'argent répondra en cette sorte :
» Je n'ai point d'argent à prêter, si ai bien à mettre
» à profit honnête et licite. Si vous désirez la somme
» que demandez pour la faire valoir par votre in-
» dustrie à moitié gain, moitié perte, peut-être m'y
» résoudrai-je. Bien est vrai qu'à cause qu'il y a trop
» de peine à s'accorder pour le profit, si vous m'en
» voulez assurer un certain, et quant aussi mon
» sort principal, qu'il ne courre fortune, nous tom-
» berions bien plustôt d'accord, et vous ferai tou-
» cher argent dans cette heure. L'usure ne consiste,
» selon nos pères, qu'en l'intention de prendre ce
» profit comme usuraire; mais, si on l'exige comme
» dû par reconnaissance, ce n'est point usure, selon
» les doctrines d'Escobar (1). »

On agitait alors la question de savoir si un associé
pouvait vendre l'espérance du gain moyennant une
somme fixe, payable à son profit et à tout événement. Ce pacte a été célèbre parmi les théologiens
sous le nom d'*assurance du bénéfice*. Il était sous-
entendu que l'associé demeurerait toujours soumis
aux pertes qui pouvaient affecter le capital ; l'assu-

_____

(1) Pascal, lettre 8e.

rance ne portait que sur le gain. Dans une société, le gain à venir est chose appréciable; il peut faire l'objet d'une cession à un tiers, chacun le reconnaissait : pourquoi aurait-il été défendu de le vendre à son associé? Néanmoins la plupart des théologiens le condamnaient, et Pothier lui-même ne l'admettait qu'à cette condition, à savoir, que cette convention n'interviendrait pas au début ou dans un temps voisin de la formation de la société; et tant était grande la crainte des usures, qu'il voyait dans ce cas un prêt à intérêt également probibé par les lois civiles et canoniques.

La société en commandite eut beaucoup de peine à trouver grâce aux yeux des théologiens; elle fut même enveloppée dans la prohibition, en 1586, par le pape Sixte V.

C'est la défense du prêt à intérêt qui a fait éclore le fameux *Mohatra*. Inventé par les Espagnols pour déguiser leurs usures, ce contrat ne tarda pas à passer les monts; il fut pratiqué en France et dans tous les pays où se faisait trop sentir l'influence du droit canonique. Son nom barbare de mohatra, qui est sans doute de pure fantaisie, semble avoir été imaginé pour cacher l'opération qu'il renfermait. Il dut au bon sens français de recevoir la vraie dénomination qui lui convenait, et fut appelé chez nous prêt à perte de finances. Si nous voulons savoir ce qu'est le mohatra, laissons encore parler Pascal, dont la plume a su faire si bonne justice des équivoques et des opinions probables. « Le contrat de mohatra

7

» est celui par lequel on achète des étoffes chère-
» ment et à crédit, pour les revendre, au même
» instant, à la même personne et à bon marché. » Et
plus loin il montre par un exemple toute l'importance de cette subtile méthode : « Le mohatra est
» quand un homme qui a affaire de vingt pistoles,
» achète d'un marchand des étoffes pour trente
» pistoles, payables dans un an, et les lui revend
» alors même pour vingt pistoles comptant. » Nous
n'avons point à rechercher, avec l'illustre auteur des
Provinciales, les expédients employés par Escobar et
les casuistes pour rendre ce contrat licite. Il fut prohibé par l'art. 141 de la coutume d'Orléans.

L'ordonnance de Blois de 1579 contenait des
peines sévères contre ceux qui emploieraient ce
masque pour cacher leurs usures ; nous citerons l'article 202 de cette ordonnance : « Faisons inhibitions
» et défenses à toutes personnes, de quelque état et
» condition qu'elles soient, d'exercer aucune usure,
» ou prêter leurs deniers à profit et intérêt, ou bailler
» marchandises *à perte de finances*, par eux ou par
» d'autres, encore que ce fût sous prétexte de com-
» merce, à peine, pour la première fois, d'amende
» honorable, bannissement et condamnations à
» grosses amendes, dont le quart sera adjugé aux
» dénonciateurs; et, pour la seconde fois, de confis-
» cation de corps et de biens; ce que semblable-
» ment nous voulons être observé contre les proxé-
» nètes, médiateurs et entremetteurs de tels trafics
» et contrats illicites et réprouvés, sinon au cas

» qu'ils vinssent volontairement à révélation, auquel
» cas ils seront exempts de la peine. » Et l'art. 362
de la même ordonnance ajoutait : « Enjoint à tous
» juges de faire observer l'ordonnance faite sur la
» revente de marchandises, appelée *perte de finan-*
» *ces ;* et non-seulement dénier toute action à de
» tels vendeurs, supposeurs de prêt, mais aussi
» procéder rigoureusement contre eux et contre les
» courtiers et racheteurs, qui se trouveront être
» participants de tels trafics, par mulcte et confis-
» cation de leurs biens, amende honorable et autres
» peines corporelles, selon les circonstances, et sans
» aucune dissimulation ni connivence. »

Le contrat de change servit à couvrir les usures,
principalement entre marchands. Inconnu des Romains, ainsi qu'il semble résulter de la loi 2, C. 4,
33, le change naquit sans doute du développement
excessif que le commerce avait pris dans les répu-
bliques italiennes. Son existence fut menacée par les
canonistes, qui ne pouvaient comprendre qu'il fût
distinct du prêt à intérêt. Le change est la remise
d'une place sur une autre ; c'est une opération qui
consiste à faire payer un billet dans un lieu autre
que celui où il a été consenti ; c'est, en un mot, l'indemnité des frais de déplacement et de transport de
l'argent. « Le simple change, dit Dumoulin, en soy
» sans fraude et excez, est chose licite et honeste,
» car ce n'est que le salaire des frais de vacations et
» péril du port de l'argent ou commutation d'iceluy
» d'un lieu à autre, ou salaire de choses à ce équipo-
» lentes, comme de prendre deux pour cent pour

» faire tenir de Lyon mil écus à Rome, ou ailleurs,
» ou peu plus ou peu moins, selon la distance des
» lieux et danger des passages, sans autre usure ou
» intérêts, déduit ou suppléé ce que les espèces es-
» quelles le sort se doit rendre, vallent au lieu des-
» tiné plus ou moins que au lieu dont commence le
» port. » Mais, sous le nom de change, indispensable aux transactions commerciales, les prêteurs
d'argent exerçaient leur industrie. Ils pratiquaient
surtout le contre-change, qui consistait à prendre
des particuliers de l'argent à intérêt pour le prêter,
en stipulant, outre les intérêts dus au premier prêteur,
de nouveaux intérêts pour droit de commission : ce
qui, d'après Dumoulin, « n'est que multiplication
» de plus grands abus et exécration. » Enfin, pour
échapper aux investigations des adversaires de
l'usure, on avait donné au change diverses dénomi-
nations propres à dérouter les recherches. « Je laisse
» aussi, dit Dumoulin, leurs jergons et distinctions
» de change réal, fict, sec, rechange et contre-
» change, car aussi changent-ils par temps leurs
» termes et distinctions, afin que chacun ne con-
» naisse si facilement leurs excèz et abus, dont (la
» vérité du faict cogneüe) sera facile de juger par ce
» que dessus. » Aussi s'écriait-on dans les écoles :
« Le change est le labyrinthe des consciences, l'a-
» bîme du salut, une guerre sans trêve, une mer
» sans port, un édifice sans fondements (1). »

(1) Citation de MM. Delamarre et Lepoitvin : Contrat de commission.

Le cheptel, autorisé par les coutumes, et notamment par celle de Nivernais, contenait parfois des clauses considérées comme entachées d'usure. « L'inéqualité
» se peut prendre, quand par paction le contrat est
» plus grief au presteur que la coutume ne permet.
» Berry, titre des cheptels, art. 11, met un exemple
» de paction illicite, s'il est dit que les bestes seront
» instamment au péril du preneur et qu'il sera tenu
» du cas fortuit, et l'article 12 met un autre cas, si
» les bestes étaient baillées à moison et pension an-
» nuelle est que le preneur est obligé *in genere* et
» n'est pas déchargé de la pension, si les bestes meu-
» rent ou diminuent de valeur. C'est à bon d---' ---
» ces pactions d'inéqualité sont réputées usurа.. -
» car la règle est générale que si les contrats ne sont
» raisonnablement proportionnés, il y a usure (1). »

Des casuistes avaient prétendu que, dans le cas de perte totale du cheptel, le cheptelier ne devait sup- porter aucune partie de cette perte. Pothier a com- battu victorieusement cette opinion et démontré, avec le texte formel de la coutume de Nivernais, que, dans ce cas, la moitié de la perte était pour le compte du preneur.

Les monts-de-piété semblent s'être établis en France au xviie siècle seulement. C'est ainsi qu'on nomme des établissements dont l'objet est d'autoriser cer- taines personnes à prêter de l'argent sans usure, moyennant un modique intérêt, à ceux qui donnent

---

(1) Coquille sur Nivernais.

des gages pour sûreté du prêt (1). Ces établissements ont été faits, dit Merlin, pour soulager la
misère des pauvres, qui, dans un pressant besoin .
d'argent, seraient forcés de vendre leurs effets à vil
prix, ou d'emprunter à un intérêt exorbitant. Selon
ce jurisconsulte, le plus ancien mont-de-piété aurait
été fondé à Padoue en l'année 1491. Le concile de
Latran les autorisait en 1512, et une bulle du pape
Léon X vint approuver cette institution en 1515. Eta-
blis en France, sous Louis XIII, par un édit du mois
de février 1626, ils durèrent peu, et furent supprimés
par la déclaration du 28 juin 1627. Louis XVI les
reconstitua par lettres patentes à la date du 9 décembre 1777. Le prêt sur gage servait souvent à
cacher la fraude ; la surveillance donnée aux monts-
de-piété, qui ne pouvaient s'établir sans autorisation,
n'était pas si active que les prêteurs ne cherchassent
par ce moyen l'occasion d'éluder la loi sur les usures.
Aussi nous voyons les difficultés et les obstacles
qu'ils rencontrèrent à s'implanter dans notre pays.

Enfin, le mode le plus simple et le plus général
de prêter à intérêt se pratiquait ainsi : on joignait,
dans l'acte de prêt, les intérêts convenus au principal,
ou bien encore on dressait plusieurs actes, l'un portant reconnaissance du principal, les autres, des intérêts, dont on faisait autant de sorts principaux.
Sous l'empire de l'ordonnance de Moulins, l'art. 54
de cette ordonnance ne permettait aucune preuve

(1) Denisart.

par témoins contre le contenu aux actes écrits. L'article 3 du titre 20 de l'ordonnance de 1667 n'autorisait cette preuve qu'autant qu'il y avait commencement de preuve par écrit; à défaut de ce commencement de preuve, le débiteur qui s'était obligé à payer des intérêts usuraires comme principal, n'avait d'autre ressource que celle de requérir l'affirmation de son créancier sur la vérité du contenu aux billets; celui-ci devait jurer que les intérêts n'y avaient pas été compris. S'il faisait une pareille affirmation, le débiteur était condamné à payer le montant de ces billets et ces intérêts à partir du jour de la demande jusqu'à celui du payement.

Nous terminons ici l'examen des procédés le plus fréquemment employés pour dissimuler le prêt à intérêt. Quand l'usure revêtait ces diverses formes, elle prenait le nom d'usure palliée, par opposition à l'usure formelle qui résultait de la stipulation expresse d'intérêts dans les obligations. Les usures formelles, dit Pothier, sont le profit que le prêteur exige, au delà du principal, par un contrat formel et explicite. On appelle usure palliée le profit qui est fait par les contrats simulés, qui servent à déguiser un contrat de prêt usuraire.

Tels étaient les moyens employés par les prêteurs pour tirer profit de leur argent. Nous avons vu quelles savantes et adroites combinaisons ils mettaient en œuvre pour atteindre leur but. Mais l'activité de leurs adversaires n'était pas moindre, et il n'était guère de cas qui demeurât caché à leurs investigations. Pour poursuivre l'usure, les théologiens se firent jurisconsultes. Le commerce, qui avait commencé de renaître, eût succombé sous les défenses canoniques, si les princes n'eussent compris qu'il ne peut exister sans le crédit, dont la prohibition du prêt à intérêt est la mort. Le commerçant fait le négoce pour augmenter son capital, et non pour obliger l'acheteur; il tire de son argent, converti en marchandises, un gain qui se renouvelle aussi souvent que la vente; il n'était donc pas juste d'exiger que les capitaux représentatifs de marchandises, et par conséquent de profit, demeurassent improductifs. Les canonistes eux-mêmes reconnaissaient parfois la légitimité de l'intérêt, que les casuistes avaient étendu à presque toutes les transactions. Ils l'admettaient dans le cas de *lucrum cessans* et de *damnum emergens*. Le *lucrum cessans* est la privation d'un gain légitime que ferait celui qui prête, s'il ne prêtait pas. Depuis l'autorisation des rentes constituées, le *lucrum cessans* pouvait toujours exister. Quant au *damnum emergens,* son application se trouve plus restreinte; le dommage naissant est la perte réelle qu'éprouve le prêteur précisément à cause du prêt; il comprend toute la perte, tandis que le *lucrum cessans* était limité au taux autorisé par le prince.

Cependant, dans les pays où le prêt à intérêt n'était pas toléré, ces distinctions canoniques n'étaient valables que dans le for intérieur, et non dans le for extérieur. Le clergé savait, pour son propre compte, les mettre à profit ; il ne se faisait même pas scrupule d'exiger des intérêts, contrairement aux lois civiles ; du reste, le prêt qu'il défendait si rigoureusement, il l'appelait souvent à son aide quand il avait besoin d'argent.

OPINIONS DES JURISCONSULTES, DES THÉOLOGIENS ET DES ÉCONOMISTES.

Jusqu'au seizième siècle, on vit peu de divergence entre les théologiens et les jurisconsultes sur la question des usures. La prohibition était universellement admise ; cependant on avait compris la nécessité de les tolérer dans certains cas. Selon les idées du jour ou les besoins du moment, les investigations et les poursuites s'exerçaient activement ou étaient abandonnées. Le souffle de Rome n'animait plus, comme autrefois, toute la chrétienté ; l'amour des arts, du luxe et des plaisirs, parfois l'ambition et la soif des conquêtes, avaient remplacé, sur le siége de saint Pierre, la ferveur et le zèle ardent du moyen âge. Mais il se préparait dans l'ombre un schisme terrible, qui devait lutter corps à corps avec la papauté : nous voulons parler de la réforme. Elle sut, au prix de flots de sang, se faire reconnaître par les souverains ; un instant même elle menaça de tout envahir. Son influence s'est fait profondément sentir sur la matière qui nous occupe, dans les pays qui ont persévéré dans le schisme.

Tout hardi novateur qu'il fût, Luther n'attaqua pas les prohibitions ecclésiastiques sur le prêt à intérêt ; il trouva même de sévères paroles pour le condamner. Cette tâche était réservée à un nouveau réformateur ; on sait quels prosélytes fit Calvin depuis l'épiscopat jusqu'aux marches du trône, et quel terrain, en peu de temps, son enseignement gagna en France. Toutes les classes de la société, et surtout le commerce, ruinés par ces longues et désastreuses guerres de religion, eurent recours à l'emprunt, malgré la sévérité du parlement de Paris, qui s'efforçait de faire observer rigoureusement les ordonnances. Le prêt se propagea partout à un taux excessif, en rapport avec la misère du temps ; et quand l'État fut pacifié, Henri IV, placé entre l'exécution des ordonnances et leur violation consacrée par la commune usance, décida le maintien des contrats de prêt à intérêt et leur conversion en rentes perpétuelles.

Parmi les adversaires du prêt à intérêt, nous citerons Domat : « Il est, dit-il, deux manières de communiquer l'usage des choses : l'une gratuite et » l'autre à profit pour les choses où ce commerce » peut être licite. » Puis, comparant le prêt à intérêt au louage, il examine si l'argent peut faire l'objet de ce dernier contrat. Sa solution est évidemment négative, car entre le prêt et le louage existent des dissemblances radicales qui ne lui échappent pas, et

qu'il signale en ces termes : « On voit que celui qui
» prête à intérêt de l'argent ou des denrées ne ré-
» pond d'aucun profit à celui qui emprunte, et qu'il
» ne laisse pas de s'assurer un profit certain ; qu'il
» ne répond pas même de l'usage qui sera fait de ce
» qu'il donne, et qu'au contraire, encore que la
» chose qu'il prête vienne à périr, celui qui em-
» prunte lui en rendra autant et encore l'usure ;
» qu'aussi il prend un profit sûr où celui qui em-
» prunte ne peut avoir que de la perte ; qu'il prend
» un profit d'une chose qui n'est pas à lui, et d'une
» chose même qui de sa nature n'en produit aucun,
» mais qui seulement peut être mise en usage par
» l'industrie de celui qui emprunte et avec le hasard
» de la perte entière de tout profit et du capital, sans
» que celui qui prête entre en aucune part ni de
» cette industrie, ni d'aucune perte. » Sa conclusion
est que l'usure est non-seulement injuste « par la
» défense de la loi divine et par son opposition à la
» charité, mais qu'elle est de plus naturellement il-
» licite, comme violant les principes les plus justes
» et les plus sûrs de la nature des conventions, et qui
» sont les fondements de la justice des profits dans
» tous les commerces. »

Il appartenait au plus grand orateur moderne de
la chaire chrétienne, à l'adversaire-né de toutes les
doctrines contraires à l'Église, de mettre son élo-
quence au service d'une cause qui comptait déjà de
nombreux dissidents. L'évêque de Meaux traite la
question des usures avec la supériorité de parole

qui lui est habituelle. Dans un traité complet qu'il a
écrit sur la matière, il appelle à son secours l'autorité du grand législateur des Juifs, celle des pro-
phètes et des apôtres ; puis il passe successivement
en revue la longue polémique de tous les Pères de
l'Église.

« La doctrine qui dit que l'usure est défendue à
» tous les hommes envers tous les hommes est de
» foi ; les décisions des conciles et des papes ont
» déclaré que ceux qui défendront l'opinion con-
» traire seront traités comme hérétiques. Aussi n'y
» a-t-il que ceux qui ont méprisé la tradition et les
» décrets de l'Église, qui ont combattu cette doc-
» trine. Bucer est le premier, que je sache, qui ait
» écrit que l'usure n'était pas défendue dans la loi
» nouvelle; Calvin a suivi, Saumaise après. Dumou-
» lin, qui a parlé conformément à leur pensée, a
» été très-assurément dans l'hérésie et a mêlé tant
» de choses dans ses écrits, qu'on ne le considérera
» jamais comme un homme dont l'autorité soit con-
» sidérable en matière de théologie (1). »

« La loi de Dieu, continue-t-il, expliquée per la
» tradition, n'a pas voulu défendre une chimère et
» un cas en l'air. Il faut donc fixer ce cas et voir
» quelle notion elle a donné de l'usure; et toutes les
» fois que nous trouverons qu'en permettant un cer-

(1) Nous ne savons si la postérité a ratifié l'arrêt de Bossuet à
l'encontre de Dumoulin considéré comme théologien ; mais c'est
avec justice qu'elle lui a décerné le titre de prince des jurisconsultes.

» tain profit de l'argent la loi de Dieu sera éludée et
» ne subsistera plus qu'en paroles, nous devons
» tenir ce profit comme enfermé dans la défense di-
» vine. Je ne crois pas qu'il y ait rien de plus ferme
» ni de plus inébranlable que cette règle. »

Ses autorités et ses preuves sont celles de l'Église
et des sacrés canons ; à peine daigne-t-il étayer sa
discussion des autorités profanes ; pourtant, comme
tous les adversaires du prêt, il reproduit l'argument
d'Aristote sur la stérilité de l'argent. Pour lui, l'usure
est tout ce qui vient accroître le capital : « Je définis
» l'usure selon cette règle : tout argent ou équivalent
» qui provient en vertu du prêt ; et j'appelle venir en
» vertu du prêt, ce qui dépend d'une condition qui
» en est inséparable et ce qui a les mêmes effets. »

Il semble cependant tolérer « la condamnation *ex*
» *mora*, qui est d'adjuger l'intérêt comme une
» peine ; » car il y a entre la loi pénale et l'usure
une grande différence : le but de l'usurier est de faire
profiter son argent, et non de le retirer ; au contraire,
l'esprit de la loi pénale est de faire cesser de tels
profits par un payement effectif.

Puis, examinant le principe de la condamnation
aux intérêts : « La loi n'approuve point le dédom-
» magement sans perte effective ; s'il en arrive
» autrement, c'est que, ne croyant pas pouvoir assez
» pénétrer le fond des choses, elle juge par pré-
» somption, et laisse à la conscience d'un chacun
» de se faire justice. »

Enfin, attaquant sans ménagements la doctrine

des casuistes sur le *damnum emergens* et le *lucrum cessans*, il admet avec peine non pas l'intérêt quand il semble exister une simple possibilité de gain, mais un dédommagement quand il y a perte réelle.

Dumoulin, dans son *Traité de l'usure*, commence par assembler les épithètes les plus écrasantes contre le prêt à intérêt : « C'est une bête fauve qui » chaque mois, chaque jour engendre plus d'ar- » gent, c'est un voleur légal manifestant ses inten- » tions à haute voix. L'argent usuraire est sem- » blable à la morsure de l'aspic, car celui qui est » mordu par un aspic s'endort d'un sommeil » agréable et meurt bientôt au milieu des douceurs » de ce repos, parce qu'alors le poison s'infiltre » dans tous ses membres. De même celui qui em- » prunte à usure éprouve d'abord une sorte de » bien-être; mais, l'usure se répandant dans toutes » ses facultés, le poids de sa dette finit par l'acca- » bler, etc. » Inutile de rapporter ses autres invec- tives; il décide que l'usure est défendue par la raison et par les lois divines et humaines.

Il est, selon ce jurisconsulte, contraire à la na- ture du *mutuum* de recevoir un prix; dans le commodat, il peut en être différemment; mais alors le commodat devient un louage. Le *mutuum* est un contrat qui consiste à transférer la pro- priété de la chose prêtée, sous l'obligation pour l'emprunteur d'en rendre l'équivalent; si l'on ajoute un prix, on n'en fera pas un louage, et le contrat restera un *mutuum* imparfait. Il est, en outre, contraire à l'équité de recevoir d'une chose plus qu'elle ne vaut, et, en rendant exactement l'équivalent d'une chose prêtée, on rend tout ce qui est dû.

Cette affirmation de Dumoulin est une démonstration qui nous semble bien peu satisfaisante ; c'est la solution de la question par la question elle-même. Mais·, plus loin, il s'écarte de ses conclusions premières, pour admettre la légitimité de l'intérêt dans le cas de prêt fait aux personnes qui peuvent en tirer un certain profit, et notamment dans le *trapeziticum fœnus*. Puis il admet un dédommagement pour la peine que prend le prêteur de compter et de livrer son argent. Enfin, dans certains cas, il convient qu'on peut exiger des intérêts pour les risques courus par le capital et pour les embarras que peut occasionner le prêt au créancier.

Gérard Noodt, tout en déplorant les excès de l'usure, surtout à Rome, conclut à l'utilité des usures légères; et Saumaise, dans ses trois traités intitulés *De usuris, De modo usurarum, De fœnore trapezitico,* combat la prohibition avec un grand sens joint à une immense érudition. Nous n'entreprendrons pas de donner l'analyse de ce volumineux travail.

Pothier se pose en adversaire du prêt à intérêt. Ses arguments sont les mêmes que ceux déjà employés par les défenseurs des doctrines canoniques : l'argent est stérile, le temps ne se vend pas ; seulement ils sont présentés d'une façon habile, insuffisante pourtant à faire illusion à personne. Enfin il finit par apporter de grands tempéraments à la rigueur de son système.

Voici son point de départ : « C'est une règle de
» l'équité qui doit régner dans tous les contrats, que
» l'une des parties qui n'a pas l'intention de faire
» une donation à l'autre ne peut être obligée à lui
» donner que l'équivalent de ce que l'autre, de son
» côté, lui a donné ou s'est obligée de lui donner.
» Si on l'oblige à donner plus, l'équité, qui consiste
» dans l'égalité, est blessée, et le contrat est inique.
» C'est pourquoi , quand je vous prête une somme
» d'argent pour vous en servir comme bon vous sem-
» blera, à la charge de m'en rendre autant, vous ne
» recevez de moi que cette somme d'argent et rien de
» plus. L'usage que vous aurez de cette somme d'ar-
» gent est enfermé dans le droit de propriété que
» vous acquérez de cette somme d'argent ; ce n'est
» pas quelque chose que vous ayez outre cette somme
» d'argent. Ne vous ayant donné que la somme d'ar-
» gent, et rien de plus, je ne puis donc exiger de
» vous rien de plus que cette somme , sans violer la
» règle d'équité ci-dessus rapportée. Ce serait vou-
» loir me faire payer deux fois le prix de la même
» chose, si, après m'être fait payer de la somme
» prêtée par le payement d'une pareille somme, je
» voulais encore, par le payement que j'exigerais de
» vous , me faire payer de l'usage que vous en avez
» eu. »

Ses armes ne sont pas mieux choisies quand il
combat l'opinion qui considérait l'intérêt comme le

prix des risques courus par le capital : « Si la crainte
» de l'insolvabilité de l'emprunteur était une raison
» pour exiger de lui des intérêts, il s'ensuivrait
» la plus grande absurdité : c'est que plus un
» homme serait pauvre, plus il serait permis de
» l'accabler d'usures. » Mais il est dans le vrai
quand il réfute l'opinion des casuistes, qui considérait comme usuraire la convention portant promesse
d'un emprunteur de prêter de l'argent à son prêteur,
quand celui-ci en aurait besoin. Cette promesse,
n'étant pas obligatoire selon le droit, n'impose
qu'une obligation morale insuffisante à créer une
clause usuraire.

Il distingue les usures en lucratives et compensa-
toires : les premières, proprement appelées usures,
sont celles qui renferment un profit que le prêteur
retire du prêt, et qu'il exige de l'emprunteur comme
récompense du prêt qu'il lui a fait. Pothier les tient
pour illicites.

Les secondes, connues sous le nom d'intérêts, sont
celles qui sont dues par l'emprunteur comme un dédommagement de la perte ou de la privation de
profit qu'il a causées au prêteur, telles que les intérêts que doit le débiteur d'une somme d'argent à
partir de l'interpellation judiciaire qui lui a été faite.
Pothier les admet ; c'est la reconnaissance de la légitimité de l'intérêt dans les cas de *lucrum cessans* et de
damnum emergens. Mais c'est avec raison qu'il considère l'escompte comme usuraire, si le cédant a garanti
le payement du billet ; il condamne aussi la stipula-

tion d'intérêts dans le cas de prorogation de terme, à moins que cette prorogation n'ait causé un préjudice au créancier.

« Pothier, cœur honnête et sincère, se laissa aller
» à l'illusion d'une théorie qui lui semblait mettre
» sa raison d'accord avec la loi civile et le précepte
» religieux. Il lui prêta l'appui de son autorité et
» suppléa à l'absence d'arguments nouveaux par la
» clarté, la facilité, l'habile enchaînement des
» déductions ; mais déjà, depuis près d'un siècle, le
» fond de tout ce dogmatisme avait vieilli (1). »

Pufendorf soutint la cause du prêt : « A propre-
» ment parler, dit-il, l'usufruit des choses suscep-
» tibles d'équivalents n'est point distinct de la con-
» somption de leur substance ; mais il ne s'ensuit
» point de là qu'il soit illicite de mettre à prix le droit
» que l'on donne à quelqu'un de consumer une
» chose qu'on lui prête, à condition de nous en
» en rendre une pareille au bout d'un certain temps ;
» car cette circonstance d'un terme accordé à celui
» qui emprunte est essentielle au prêt à consomp-
» tion. Pendant tout ce temps-là, le débiteur peut
» acheter, de l'argent emprunté, des choses qui lui
» rapportent du revenu, ou en tirer du profit de
» quelque autre manière. Pourquoi donc serait-il
» dispensé de nous faire part de ce gain qu'on lui
» procure ? »

D'où Pufendorf conclut qu'il est licite de prendre

----

(1) M. Troplong, Du prêt à intérêt.

un intérêt modique, non point du pauvre à qui l'on prête, mais d'un débiteur qui doit en profiter. Enfin il démontre que le prêt à usure est absolument nécessaire dans l'état où se trouve la société depuis longtemps.

Grotius devait arriver bien plus près de la vérité dans la recherche des éléments qui composent l'intérêt. Tout en s'efforçant de rester dans les limites de la loi religieuse, il déclare les usures licites quand on prend des intérêts équivalents au préjudice souffert; car ce gain ne fait que maintenir les contractants dans des situations respectivement égales. Il n'admet pas que l'on tire d'usures du pauvre, parce que les préceptes de la charité évangélique s'y opposent; mais l'intérêt est juste quand il résulte d'un prêt fait à un homme, comme le commerçant, qui tire profit de l'argent emprunté. En outre, pour la privation qu'éprouve le prêteur en se dessaisissant de ses écus; et pour la perte de l'occasion de réaliser un profit, occasion qu'il manque faute par lui de pouvoir disposer de ses capitaux, on doit admettre alors la légitimité des intérêts. « Il y a des choses qui sem-
» blent approcher du prêt à usure et qui passent
» ordinairement pour s'y rapporter, lesquelles
» néanmoins sont des conventions d'une tout autre
» nature : comme quand un créancier stipule
» quelque chose en dédommagement de ce qu'il
» perd pour être longtemps sans avoir son argent, ou
» du gain qu'il aurait pu faire, s'il ne l'eût pas
» prêté; bien entendu, qu'on déduise d'ici ce à quoi

» peut se monter l'incertitude de ses espérances et
» la peine qu'il lui aurait fallu prendre pour faire
» valoir lui-même son argent. Ce n'est pas non plus
» un véritable prêt à usure, lorsqu'une personne
» qui prête à un grand nombre de gens, et qui tient
» toujours pour cet effet de l'argent en caisse, exige
» quelque chose pour se dédommager des dépenses
» qu'elle fait en vaquant à cet emploi officieux ; ni
» lorsque, prêtant à un homme qui ne nous donne
» pas des sûretés suffisantes, on se fait payer les
» risques que l'on court de perdre son capital. » On
sait que c'est surtout dans le but de réfuter les opinions de Grotius que Bossuet composa son Traité
de l'usure, dont nous avons parlé.

Calvin, avons-nous dit, avait énergiquement sapé
l'autorité de Rome ; son esprit, plus pratique et plus
positif que celui de Luther, sut comprendre combien
était funeste pour la société tout entière la prohibition qui pesait sur le prêt à intérêt. Défendre la cause
des usures contre les canonistes, c'était encore com-
battre l'Eglise. Il s'appliqua à réfuter le système
d'Aristote sur la stérilité de l'argent, grande nouveauté
et grande hardiesse parmi tant d'autres ! Cette doctrine était entrée si avant au cerveau des peuples,
qu'on la considérait comme une inattaquable vérité.
Voici ses paroles : « L'argent, dit-on, n'enfante pas
» l'argent ; et la mer, le produit-elle ? Est-il le fruit d'une
» maison pour laquelle pourtant je reçois un loyer ?
» L'argent naît-il, à proprement parler, du toit et
» des murailles ? Non ; mais la terre produit, la mer

» porte des navires qui servent à un commerce pro-
» ductif, et, avec une somme d'argent, on peut se pro-
» curer une habitation commode. Si donc il arrive
» que l'on retire d'un négoce plus que de la culture
» d'un champ, pourquoi ne permettrait-on pas au
» possesseur d'argent d'en retirer une somme quel-
» conque, quand on permet au propriétaire d'un
» champ stérile de le donner à bail moyennant un
» fermage? Et lorsqu'on acquiert à prix d'argent un
» fonds de terre, est-ce que ce capital ne produit pas
» un revenu annuel? Quel est cependant la source
» des profits que fait un marchand? Son industrie,
» direz-vous, et son activité intelligente; qui doute
» que l'argent que l'on emploiera soit une richesse
» inutile? Celui qui demande à un prêteur un ca-
» pital, veut apparemment s'en servir comme d'un
» instrument de production. Ce n'est donc pas de
» l'argent même que provient le bénéfice, mais de
» l'emploi qu'on en fait. »

L'auteur de l'*Esprit des lois*, avec cette réserve
qu'il a conservée dans tout le cours de son ouvrage,
réserve imposée par la difficulté de son sujet et par
la position qu'il occupait dans la magistrature, n'a
pu se dispenser de toucher à la question des usures.
Il n'a pas voulu se mettre en hostilité ouverte avec le
clergé; il n'a pas voulu heurter de front la législation
qu'il était chargé d'appliquer : aussi, sans com-
menter ni les textes sacrés ni les ordonnances, sa
verve s'est judicieusement exercée aux dépens des
lois de Mahomet; mais, sous le masque léger dont

il revêt sa critique, qui ne reconnaît le procès fait aux institutions de son pays?

« C'est bien une action très-bonne de prêter à un
» autre son argent sans intérêt ; mais on sent que ce
» ne peut être qu'un conseil de religion , et non une
» loi civile.

» Pour que le commerce puisse se bien faire, il
» faut que l'argent ait un prix ; mais que ce prix
» soit peu considérable. S'il est trop haut, le négo-
» ciant, qui voit qu'il lui en coûterait plus en inté-
» rêts qu'il ne pourrait gagner dans son commerce,
» n'entreprend rien ; si l'argent n'a point de prix,
» personne n'en prête, et le négociant n'entreprend
» rien non plus.

» Je me trompe quand je dis que personne n'en
» prête. Il faut toujours que les affaires de la société
» aillent ; l'usure s'établit, mais avec les désordres
» que l'on a éprouvés dans tous les temps.

» La loi de Mahomet confond l'usure avec le prêt
» à intérêt. L'usure augmente, dans les pays maho-
» métans, à proportion de la sévérité de la défense :
» le prêteur s'indemnise du péril de la convention.

» Dans ces pays d'Orient, la plupart des hommes
» n'ont rien d'assuré ; il n'y a presque point de
» rapport entre la possession actuelle d'une somme
» et l'espérance de la ravoir après l'avoir prêtée ;
» l'usure y augmente dans la proportion du péril
» de l'insolvabilité (1). »

(1) Montesquieu, de l'*Esprit des lois*, liv. XXII, chap. 19.

A l'occasion des perturbations apportées dans le commerce de la ville d'Angoulême par une coalition de débiteurs qui faisaient poursuivre leurs créanciers comme usuriers, Turgot fit un mémoire sur les prêts d'argent.

Il démontre que sans le prêt à intérêt il n'est pas de commerce possible dans un État ; malgré la proscription qui l'a frappé, le prêt s'est maintenu, mais à un taux bien plus élevé que s'il eût été autorisé. La justice est obligée de fermer les yeux sur les moyens employés pour éluder les ordonnances, et il est temps de rendre au prêt à intérêt le rôle important qu'il doit jouer dans la société.

Il recherche pourquoi il serait interdit de faire le commerce de l'argent. « Le propriétaire d'un effet » quelconque est maître absolu de sa chose ; il ne » peut en être dépouillé sans son consentement, et » à ce consentement il peut mettre telle condition » qu'il juge à propos. Il peut, en effet, le garder, le » donner, le vendre, le prêter gratuitement ou le » louer, soit pour un certain temps, soit pour un » temps indéfini. Qu'il vende ou qu'il loue, le prix » de vente ou de location n'est limité que par la » volonté de celui qui achète ou qui prend à loyer : » la propriété d'une somme d'argent n'est pas » différente de celle d'un autre objet. La morale » peut faire parfois un devoir de donner gratuite- » ment au pauvre ; mais, en dehors de ces circon- » stances, on peut vendre son argent : c'est ce qui » arrive, en effet, quand on achète des marchandises,

» ou qu'on le donne en échange d'un fonds de terre;
» on le vend contre de l'argent, lorsqu'on donne de
» l'argent dans un lieu pour en recevoir dans un
» autre, espèce de négociation connue sous le nom
» de change de place en place, et dans laquelle on
» donne moins d'argent dans un lieu pour en rece-
» voir plus dans un autre : comme, dans la négo-
» ciation du prêt à intérêt, on donne moins d'ar-
» gent dans un temps pour en recevoir plus dans un
» autre, parce que la différence des temps, comme
» celle des lieux, met une différence réelle dans la
» valeur de l'argent. Pourquoi, si l'argent se peut
» vendre, ne pourrait-on pas le louer? Pourquoi
» la loi défendrait-elle un contrat libre entre deux
» parties qui y trouvent chacune leur intérêt? »

Il s'applique à démontrer que la valeur de l'argent
est déterminée par le cours du marché ; elle suit,
comme toute autre marchandise, des alternatives de
hausse et de baisse, selon que l'offre l'emporte sur
la demande, et réciproquement. Puis, attaquant le
système des jurisconsultes, Pothier notamment, qui
enseignent qu'en restituant, au terme fixé par la convention, le même poids de métal prêté, l'équité est
satisfaite et le prêteur reçoit autant qu'il a prêté, il
montre combien est fausse cette argumentation.
Partant de ce proverbe, vrai à tous égards : « Un
» tiens vaut mieux que deux tu auras, » il prouve
sans peine que la possession de la somme même est
préférable à la perspective de cette possession. « Si
» une somme de 1,000 fr. ou une promesse de pa-

» reille somme sont choses équivalentes, pourquoi
» emprunterait-on ? » Le prêteur reçoit donc moins
qu'il ne donne, puisqu'il échange une somme d'argent pour une promesse? Cette différence, pourquoi
ne pas la compenser par l'assurance d'une augmentation sur la somme proportionnée au retard? Cette
augmentation est l'intérêt de l'argent.

La même école prétend qu'on ne saurait faire
payer l'usage de l'argent, parce que, dans le prêt,
l'*usus* ne saurait être distingué de l'*abusus*, puisque
le louage des choses fongibles entraîne leur consom-
mation, et conséquemment en transfère la propriété
au locataire. Qu'importe, dit Turgot, la consomption
de l'objet du prêt, si le consommateur doit en rendre
un semblable? Et, dédaignant ces subtilités métaphy-
siques réellement puériles, il demande quelle différence peut exister entre le loyer d'un diamant prêté
et celui de l'argent. Est-ce que, dans l'un et l'autre
cas, ce n'est pas l'utilité que la chose aura pu procurer à l'emprunteur qui déterminera la légitimité
du loyer? Chacun estime qu'il est dû un loyer pour
un diamant prêté, si telle a été la convention ; l'utilité et le profit qu'on en a pu tirer peuvent-ils se
comparer à celui qui a pu résulter de l'emprunt
d'une somme d'argent? « C'est, dit-il, faire bien de
» l'honneur aux sophismes frivoles des adversaires
» du prêt que de les réfuter aussi longuement que
» je l'ai fait ; ce ne sont pas leurs raisonnements qui
» ont jamais convaincu personne. »

Ainsi donc, d'après ce célèbre économiste, l'intérêt de l'argent est le prix du loyer et des risques que court le capital. Le loyer de l'argent comprend et l'utilité que peut en tirer l'emprunteur et la privation qui en résulte pour celui qui prête. Quant aux risques, ce sont, d'une part, l'insolvabilité du débiteur, entraînant la perte totale ou partielle du principal; de l'autre, les embarras qui peuvent surgir pour le créancier, si l'emprunteur refuse de s'acquitter.

Cette loi autorisant le prêt à intérêt, que Turgot demandait en 1769, fut votée, vingt ans plus tard, par l'assemblée constituante.

Parmi les autres économistes qui ont examiné la question du prêt à intérêt, nous nommerons Bentham; c'est lui qui a porté le dernier coup au système prohibitif; nous citerons un fragment d'une de ses lettres écrites en 1787, dans laquelle sa plume fine et railleuse fait bonne justice de l'erreur dans laquelle était tombé « Aristote, ce célèbre païen qui, sur tous
» les points où le paganisme n'avait pas détruit sa
» compétence, avait établi un empire despotique
» sur le monde chrétien. Il arriva, on ne saurait
» dire comment, que ce grand philosophe, avec tout
» son talent et toute sa pénétration, malgré le grand
» nombre de pièces d'argent qui avaient passé par
» ses mains (nombre plus grand peut-être que celui
» qui ait jamais passé, avant ou depuis, dans les
» mains d'aucun philosophe), et malgré les peines
» toutes particulières qu'il s'était données pour
» éclaircir la question de la génération, ne put ja-

» mais parvenir à découvrir, dans aucune pièce de
» monnaie, quelque organe qui la rende propre à en
» engendrer une autre. Enhardi par une preuve né-
» gative de cette force, il s'aventura à donner au
» monde le résultat de ses observations sous la
» forme de cette proposition universelle que, de sa
» nature, tout argent est stérile. »

DE LA THÉORIE DE L'INTÉRÊT DANS LE PRÊT.

Avant de terminer l'historique de la législation
spéciale à notre sujet, nous devons nous arrêter pour
examiner les bases sur lesquelles repose le prêt à
intérêt. Les grands apologistes de la prohibition ont
fait leur temps ; une science nouvelle, l'économie
politique, a surgi dans le courant du xviii° siècle.
Ce n'est pas sur l'autorité des anciens qu'elle se
fonde ; elle a pour mission, en remontant au principe
même des choses, de sonder les institutions des sociétés, d'en examiner séparément chaque partie,
pour en faire scientifiquement ressortir ce qu'elles
ont de défectueux ou de mauvais.

Nous avons dit, sur la question de l'usure, quelle
est la conclusion des économistes ; les jurisconsultes
aussi réprouvent des idées qui ne sont plus en rapport avec les besoins des peuples ; la loi écrite et les
décrets de Rome en retiennent encore quelques-uns
dont la foi est chancelante ; ils se font violence pour

justifier un système que condamne leur bon sens. Les théologiens eux-mêmes sentent que le terrain va leur manquer ; de crainte de tout perdre, ils font des concessions. « Ils déplorent la perversité humaine » qui, du *mutuum*, a su faire la source de gains il-» licites et honteux. Les lois de la nature, les ensei-» gnements de la raison disent assez haut combien » il est inique de tourner à la ruine entière des pau-» vres et des indigents un contrat pour le profit des-» quels il a été fait ; car n'est-ce pas pour soulager » les hommes, pour leur venir en aide dans l'ad-» versité, que le *mutuum* a été inventé » (1). ? Ce sont là des déclamations que l'on peut qualifier d'of-ficielles. A côté de la défense formelle, se trouve l'autorisation tacite, et la légitimité de l'intérêt est implicitement proclamée, puisqu'ils l'admettent dans les cas de *lucrum cessans* et de *damnum emergens*. Or, depuis l'emploi universellement répandu et partout autorisé de la rente constituée pour faire fructifier les capitaux, il est vrai de dire que le *lucrum cessans* existera toujours. Défendre le prêt à intérêt pour le permettre de cette sorte, c'est vouloir uniquement se payer de mots, c'est reconnaître la règle des ju-risconsultes romains formulée par Ulpien : « *qui tar-dius solvit minus solvit* » (2).

Quand nous avons analysé la théorie de Turgot, nous avons vu que l'économie politique reconnaît

---

(1) Jacob Gaitte, chanoine de Luçon, traité *De usuris*, publié vers la fin du XVIIIᵉ siècle.

(2) D. 50, 16, 12, § 1.

deux éléments dans l'intérêt produit par une somme d'argent : 1° le prix du loyer du capital; 2° la prime des risques que court ce capital. Examinons si cette analyse est exacte et complète.

Et d'abord le prêt à intérêt constitue-t-il un louage? La question, il faut l'avouer, est peu intéressante au point de vue pratique, puisque chacun est d'accord sur les effets produits par le prêt. On sait, en effet, qu'il rend l'emprunteur propriétaire, avec obligation pour lui de payer le capital et certaines redevances au temps fixé par la convention; le prêteur est affranchi des risques de la chose, il n'en est plus propriétaire, et on applique la maxime *res perit domino;* quelque événement qui arrive, il a toujours le droit d'exiger les diverses annuités convenues et le principal à l'échéance marquée par le contrat.

Influencés par ces différences sensibles, quelques auteurs tiennent que le prêt à intérêt est un échange, d'autres, qu'il est un contrat d'une nature particulière, et régi par des règles qui lui sont propres. Nous ferons observer que la première qualification est peu significative, puisque tout contrat commutatif est un échange, ce qui revient à dire ceci : le prêt à intérêt est un contrat commutatif, ce qui n'est pas douteux. La seconde qualification nous semble la meilleure. En effet, ce n'est pas un louage, comme le voulaient quelques-uns de nos anciens jurisconsultes, puisque le capital est aliéné et que presque toutes les règles du louage·

lui sont étrangères. Le prêt à intérêt ressemble plutôt à la vente à terme d'une somme d'argent ; le prix se compose d'une somme équivalente à celle reçue, dont le payement éteindra le prêt, et de redevances qui devront être périodiquement soldées jusqu'au remboursement du principal. Mais il est plus exact de dire que le prêt à intérêt n'est ni un louage, ni un échange, ni une vente. Quel besoin y a-t-il donc de le rattacher ou de chercher à l'assimiler à un autre contrat? C'est de là qu'est née l'erreur de la plupart des auteurs qui, dans l'ancien droit, se sont occupés du prêt. Ainsi cette expression : loyer de l'argent, fréquemment employée chez les économistes, est impropre ; néanmoins, comme elle est admise, nous la conserverons (1).

Le loyer de l'argent est le prix des avantages qui peuvent résulter du prêt pour l'emprunteur ; il représente aussi la privation qu'éprouve le prêteur en se dessaisissant de son capital, et l'impossibilité où il se trouve de le faire profiter. On comprend qu'il peut

(1) Smith et Say ont également démontré que l'on ne doit pas dire l'intérêt de l'argent. Selon eux, cette locution est fautive, et voici comme ils l'établissent : Il ne faut pas croire que ce que l'on emprunte et ce que l'on prête en réalité ne soit que de l'argent, mais bien ce qu'il peut procurer; dans les cas où les transactions de cette nature se font sous la forme d'une somme d'argent, cette somme n'est qu'un intermédiaire, un acte de transport pour ainsi dire, qui fait passer d'une main dans l'autre les capitaux que le propriétaire ne juge pas à propos d'employer lui-même; le loyer que paye l'emprunteur n'est pas le loyer d'une somme d'argent, mais bien celui des objets qu'il se procure avec cette somme. (Smith, liv. II, ch. 4;—Say, liv. II, ch. 8.)

arriver que l'emprunteur dépense son argent sans avantage pour lui, et qu'aucune occasion favorable pour le prêteur de tirer profit de ses fonds ne se présente pendant la durée du prêt. Ces circonstances importent peu à sa légitimité; il suffit qu'au moment de la formation du contrat elles aient pu exister. Quant aux risques, nous n'ajouterons rien à ce que nous en avons dit en analysant l'opinion de Turgot. Mais à ces deux éléments s'en ajoute souvent un troisième qui porte le nom, dans la pratique, de commission. L'intérêt alors est le prix des soins, des peines et des frais que l'emprunteur a occasionnés à un intermédiaire qui lui a procuré des fonds.

Nous arrivons à une question d'une haute importance, question délicate, vivement débattue encore aujourd'hui par un grand nombre d'esprits éminents, et qui se lie d'une façon intime au sujet que nous traitons. Nous la formulerons ainsi : la liberté étant rendue au prêt à intérêt, cette liberté doit-elle être illimitée, ou, en d'autres termes, le législateur doit-il intervenir pour fixer au taux de l'intérêt un maximum que les conventions des parties ne pourront dépasser?

L'économie politique rejette toute loi tendant à restreindre le taux de l'intérêt. Turgot disait que « le » taux de l'argent doit être, comme le prix de toutes » les choses commerçables, fixé par le débat entre » les deux contractants et par le rapport de l'offre » à la demande, avec cette différence qu'une mar- » chandise a le même prix pour tous, tandis que

» l'argent dans le prêt n'a le même prix ni pour
» tous les hommes ni dans tous les temps, parce
» que l'argent, dans le prêt, se paye avec une pro-
» messe, et que si l'argent de tous les acheteurs se
» ressemble, les promesses de tous les emprunteurs
» ne se ressemblent pas. Fixer par une loi le taux de
» l'intérêt, c'est priver de la ressource de l'emprunt
» quiconque ne peut offrir une sûreté proportionnée
» à la modicité de l'intérêt fixé par la loi. »

« Forcer les capitalistes à ne prêter qu'à un cer-
» tain taux, dit J.-B. Say, c'est taxer la denrée dont
» ils sont marchands; c'est la soumettre à un
» maximum ; c'est ôter de la masse des capitaux en
» circulation tous ceux qui ne sauraient s'accom-
» moder de l'intérêt privé. Les lois de ce genre sont
» si mauvaises, qu'il est heureux qu'elles soient
» violées. Elles le sont presque toujours ; le besoin
» d'emprunter et le besoin de prêter s'entendent pour
» les éluder, ce qui devient facile en stipulant des
» avantages qui ne portent pas le nom d'intérêt, mais
» qui ne sont au fond qu'une portion des intérêts.
» Tout l'effet qui en résulte est d'élever le taux de
» l'intérêt par l'augmentation des risques auxquels
» on expose le prêteur (1). »

L'argent, disent les économistes, est une marchandise qui doit, comme telle, subir les variations
du marché. L'empreinte de la monnaie ne saurait
lui enlever ce caractère, car cette empreinte n'est

(1) Voir aussi la critique acerbe de Bentham.

qu'une garantie de son titre donnée par le souverain
pour la sûreté et la promptitude des transactions.
Vouloir déterminer sa valeur est une mesure arbitraire aussi illogique que si l'on fixait invariablement
le prix de toute marchandise.

Sans prendre parti dans cette question, dont l'économie politique a donné une solution théorique qui
nous semble irréprochable, nous dirons que des
raisons pratiques sérieuses ont déterminé le législateur à fixer un maximum au taux de l'intérêt. Convaincu que l'abus peut occasionner de grands désastres privés en même temps qu'il est une occasion de
troubles et de perturbations dans l'État, il a usé
d'un droit incontestable, celui de prévenir les atteintes
qu'une semblable tolérance pourrait apporter à l'ordre
public. Ce droit d'intervention de la part de l'État
dans les actes privés de citoyens à citoyens, et les
restrictions qu'il apporte au droit absolu du propriétaire, se justifient par des précédents nombreux et
incontestés. En effet, qui oserait attaquer aujour-
d'hui la rescision de la vente d'immeubles pour lésion
de plus des sept douzièmes? Qui ne reconnaît le droit
de l'État dans les cas d'expropriation pour cause
d'utilité publique? Et ne sait-on pas qu'il faut une
autorisation pour défricher des bois? pour construire
des maisons dans un certain périmètre autour des
places de guerre?

Le législateur, dans sa sollicitude, embrasse toutes
les catégories de citoyens, et s'efforce de leur faire
une part égale; mais s'il est une classe de travail-

leurs qu'il doit surtout protéger, c'est à coup sûr celle
des agriculteurs. L'agriculture a besoin de capitaux,
et personne n'ignore que celui qui les emploie récolte
peu pour beaucoup qu'il a semé; un taux élevé de
l'intérêt serait sa ruine. Le commerce lui-même, plus
productif que l'agriculture, ne peut cependant s'ac-
commoder de payer de gros intérêts. « Pour que le
» commerce puisse se bien faire, dit Montesquieu,
» il faut que l'argent ait un prix, mais que ce prix
» soit peu considérable; s'il est trop haut, le négo-
» ciant, qui voit qu'il en coûterait plus en intérêts
» qu'il ne pourrait gagner en son commerce, n'en-
» treprend rien. » Enfin un Etat doit veiller à ce
que l'oisiveté, mère de graves désordres, n'existe
tout au plus que pour une minorité excessivement
faible. La possibilité de tirer de son argent d'énormes profits ne manquerait pas de séduire une foule
d'esprits pour lesquels les notions du devoir ne dé-
passent pas les bornes de l'agréable. On sait aussi
combien un emprunteur nourrit d'illusions impru-
dentes et avec quelles facilités il subit les lois de son
prêteur. Fixer un taux en rapport avec la moyenne
des bénéfices que donnent le commerce et l'agriculture a semblé la mesure la plus sage, et pour prémunir les imprévoyants contre leur faiblesse, et pour
garantir les capitalistes des dangers de la tentation.
Pour le prêteur et l'emprunteur, c'était la ruine : le
premier, poursuivant l'espoir d'un gain excessif, eût
trouvé promptement le juste châtiment de sa cupidité dans la perte de son capital prêté sans garanties;

le second n'eût pas tardé à succomber sous des usures que n'eussent pu compenser les profits honnêtes de son industrie.

Les premières lois dont nous allons parler, les lois de la révolution, maintinrent dans le prêt le taux existant dans les rentes constituées. Aucune d'elles ne vint, comme on l'a prétendu, autoriser la liberté illimitée du prêt; et ceci peut sembler étrange parmi tant de dispositions législatives qui portent rarement le cachet de la modération. Mais, en fait, on peut dire que, pendant cette période d'anarchie, l'exercice du prêt ne reçut aucune entrave. Nous dirons quelques mots seulement des lois révolution-naires avant d'arriver à celle du 4 septembre 1807, qui, la première, prévoit et réprime le délit d'usure.

EXPOSÉ DES LOIS SUR LE PRÊT SOUS LE DROIT INTERMÉDIAIRE.

La loi des 3-12 octobre 1789 vint proclamer la légitimité du prêt à intérêt, en limitant le taux de l'argent au denier 20, avec retenue, c'est-à-dire à 5 0[0, taux précédemment fixé pour les rentes constituées par l'édit de 1770. L'intérêt commercial n'était pas restreint; il devait suivre les usages établis dans les diverses places de commerce. Péthion de Villeneuve était le promoteur de cette loi, dont nous citerons le texte : « L'assemblée nationale a décrété que tous

» les particuliers, corps, communautés et gens de
» mainmorte, pourront à l'avenir prêter l'argent à
» terme fixe, avec stipulation d'intérêts suivant le
» taux déterminé par la loi, sans entendre rien in-
» nover aux usages du commerce. »

La loi du 23 novembre 1790 permit d'ajouter à la
convention d'un intérêt de 5 0[0 par an la clause de
non-retenue.

La crise financière par laquelle passa la France à
cette époque explique, sans les justifier, les nombreuses mesures qui furent prises pour retenir le
numéraire dans le pays. Une foule de lois contra-
dictoires furent rendues : le 5 septembre 1792, défense d'exporter hors du royaume des matières d'or
ou d'argent, soit en lingots ou ouvrages, soit em-
ployées au cours de France ou au cours étranger ;
le 15 septembre 1792, la prohibition s'étend aux
vases d'or et d'argent servant au culte. La loi du
11 avril 1793 renouvelle les mêmes défenses ; elle
donne, en outre, aux assignats un cours forcé, et
défend la vente du numéraire, sous peine de six années de fers (1).

---

(1) Elle est ainsi conçue : 1° A compter de la publication du présent
décret, la vente du numéraire de la République dans toute l'étendue du territoire français ou occupé par les armées françaises est
défendue, sous peine de six années de fers contre les personnes
qui en achèteront ou en vendront.

2° Aucuns achats, ventes, traités, conventions ou transactions
ne pourront désormais contenir d'obligation autrement qu'en assignats : ceux qui seront convaincus d'avoir arrêté ou proposé différents prix, d'après le payement en numéraire ou en assignats,

Puis la démonétisation des assignats est prononcée ; ils ne seront reçus qu'en payement de biens
nationaux (13 juillet 1793).

seront parcillement condamnés à six années de fers, sans néanmoins interdire à ceux qui ont du numéraire la faculté d'en faire
usage dans leurs payements au pair des assignats.

3° A compter de la publication du présent décret, il ne pourra
être fait aucun dépôt en numéraire de la République ; en conséquence, tous billets, comptes ou reconnaissances de dépôt ou de
garde du numéraire de la République, qui seront faits postérieurement au présent décret, seront réputés engagements ordinaires, et
le remboursement sera fait en assignats.

4° Toute personne qui refusera des assignats en payement sera
contrainte à les recevoir, et condamnée à une amende égale à la
somme refusée, laquelle amende sera perçue au profit de la nation,
par le receveur du droit d'enregistrement. La présente disposition
aura lieu nonobstant une stipulation contraire qui pourrait avoir
été faite.

5° Sont exceptées de la disposition du présent article, les personnes qui, antérieurement au présent décret, et depuis la promulgation de la loi qui déclare l'argent marchandise, auront traité
avec les fournisseurs de la République, avec stipulation en espèces
ou autres clauses y relatives, lesquelles jouiront des avantages accordés aux fournisseurs par les articles 2 et 3 de la loi du 8 avril
courant.

Cette loi du 8 avril 1793 portait que les marchés passés pour le
compte de la République, antérieurement à la loi qui déclare l'argent marchandise, avec stipulation de payement en espèces, ou
autres clauses y relatives, seraient payés en assignats avec une
indemnité proportionnée auxdites clauses et réserves.

La solde des officiers et soldats, et le traitement des fonction-
naires, qui étaient habituellement payés en numéraire, le seront
en assignats avec une plus-value de moitié en sus de la somme
habituellement payée en numéraire.

Les représentants de la nation envoyés près des armées hors du
territoire de la République pourront prendre toutes les mesures

La loi du 6 floréal an III (25 avril 1795) rapporte la loi du 11 avril 1793, et déclare marchandise le numéraire d'or et d'argent de la République ; elle autorise le gouvernement à solder avec des assignats selon leur cours. Cette loi ne devait avoir qu'une existence bien éphémère, et moins d'un mois après, c'est-à-dire le 2 prairial an III (21 mai 1795), on revint à la loi du 11 avril 1793.

Enfin, le 5 thermidor an IV (23 juillet 1796), parut sur le numéraire la dernière loi de cette époque si féconde en changements :

Article 1er. « A partir de la publication de la pré-
» sente loi, chaque citoyen sera libre de contracter
» comme bon lui semblera. Les obligations qu'il
» aura souscrites seront exécutées dans les termes
» et valeurs stipulés. »

Article 2. « Nul ne pourra refuser son payement
» en assignats au cours du jour et du lieu où le
» payement sera effectué. »

Article 3. « Les dispositions des lois contraires à
» la présente sont abrogées. »

Tel est le relevé des dispositions législatives insé-
rées au *Bulletin des lois*. Il est évident qu'il existe une lacune, puisque les lois du 8 et du 11 avril 1793 font mention d'une loi antérieure qui aurait déclaré l'argent marchandise ; néanmoins, en exa-

qu'ils jugeront convenables pour y établir, favoriser et accélérer la circulation des assignats.

L'exportation des ouvrages d'orfèvrerie et des matières d'or et d'argent est encore défendue.

minant attentivement les lois que nous avons citées, et en se pénétrant de leur esprit, il est clair qu'elles n'ont été rendues que pour entraver ou permettre la libre circulation du numéraire : c'est ce qui résulte évidemment de la dernière loi citée, celle du 5 thermidor an IV, qui semble autoriser la liberté illimitée des conventions en matière d'intérêt. On ne peut interpréter ainsi un simple texte ambigu et obscur, surtout si l'on considère que, dans les articles 2 et 3 de cette loi, il n'est question que de rétablir la valeur du numéraire et sa libre circulation. Nous croyons donc avec MM. Troplong et Duvergier que, sous le droit intermédiaire, aucune loi postérieure à celle de 1789 ne vint réglementer le taux de l'intérêt.

LOIS DU 19 MARS 1804, DU 3 SEPTEMBRE 1807, DU 19-27 DÉCEMBRE 1850.

Quand le législateur du Code civil réglementa le prêt à intérêt, il est vrai de dire que les parties pouvaient convenir de tels intérêts qu'il leur plaisait de fixer; et, bien que la loi de 1789 existât toujours, la jurisprudence et l'usage la tenaient pour abrogée, en ce qui concernait la limitation du taux de l'intérêt.

Dans la discussion à laquelle donna lieu la loi du 19 mars 1804, la question de la liberté illimitée du prêt fut posée et discutée longuement ; elle était soutenue par MM. Regnauld de Saint-Jean-d'Angély, Bérenger et Treilhard. On reconnut au législateur le droit de déterminer le taux de l'intérêt. Le projet présenté au conseil d'Etat le 7 pluviôse an XII était dû à la rédaction de M. Galli ; il était ainsi conçu :

Titre 5 du livre 3 du projet. Chapitre 3. Article 32. « Il est permis de stipuler des intérêts pour simple » prêt soit d'argent, soit de denrées ou autres choses » mobilières. »

Article 33. « L'emprunteur qui a payé des inté- » rêts qui n'étaient pas stipulés ne peut ni les ré- » péter, ni les imputer sur le capital. »

Article 34. « Le taux de l'intérêt est déterminé » par des lois particulières.

» L'intérêt qui aura été stipulé à un taux plus fort » sera réduit conformément à la loi. Si l'intérêt a » été payé au-dessus du taux légitime, l'excédant » sera imputé, année par année, sur le capital, qui » sera réduit d'autant.

» Ces dispositions ne s'appliquent pas aux négo- » ciations commerciales. »

Parmi les orateurs qui portèrent la parole, nous citerons le tribun Albisson. Voici un extrait de son discours, qui résume l'esprit qui a guidé les législateurs de 1804 :

« C'est la juste haine de l'usure qui a fait con- » damner l'intérêt : mais autant l'une est coupable, » autant l'autre est innocent ; autant l'une peut faire » des malheureux, autant l'autre peut en soulager ;

» autant l'usure peut nuire au commerce, autant un
» intérêt modéré peut contribuer à sa prospérité.
» Voulez-vous multiplier les usuriers? proscrivez
» indéfiniment l'intérêt. Voulez-vous paralyser l'in-
» dustrie qui manque de moyens? fermez-lui toutes
» les bourses qui pourraient l'aider ; car ce serait
» en fermer le plus grand nombre que de ne leur per-
» mettre de s'ouvrir que gratuitement (1).

Les articles 32 et 33 du projet ont passé tout en-
tiers dans la rédaction du Code civil, et sont devenus
les articles 1905 et 1906 de ce Code. L'article 34 fut
modifié. On établit la distinction entre l'intérêt légal
et l'intérêt conventionnel, et l'on renvoya à une loi
prochaine le soin de fixer le taux de l'intérêt ; mais,
considérant (à tort) que la loi de 1789 avait été abrogée et que dès lors les seules conventions faisaient la
loi des parties, on décida que toute stipulation d'intérêts serait constatée par écrit. On espérait que la
publicité pourrait retenir dans les bornes d'une juste
modération les prêteurs trop âpres au gain. « La
» cupidité, dit M. Albisson, est néanmoins si intré-
» pide lorsqu'elle peut espérer de cacher ses excès,
» qu'il fallait essayer de la contenir par le frein de
» la honte, et c'est dans cette vue que le projet ajoute :
» le taux de l'intérêt conventionnel doit être fixé par
» écrit. »

Voici la rédaction définitive à laquelle on s'est
arrêté : Art. 1907. « L'intérêt est légal ou convention-

(1) Fenet, t. VII, p. 172.

» nel. L'intérêt légal est fixé par la loi. L'intérêt con-
» ventionnel peut excéder celui de la loi toutes les
» fois que la loi ne le prohibe pas. Le taux de l'inté-
» rêt conventionnel doit être fixé par écrit. »

On voit que la loi de 1804 laissait au prêt toute
liberté de s'exercer, repoussant à une époque non
déterminée la fixation du taux de l'intérêt. Ce temps
devait être peu éloigné; l'abus devint tel, que le
besoin d'une loi répressive de l'usure se fit généralement sentir.

Le 25 août 1807, un projet de loi fut présenté au
Corps législatif par M. Jaubert, conseiller d'Etat.
« Le Code, dit-il, qui ne doit contenir que des vérités
» éternelles, ne pouvait pas fixer le taux de l'intérêt,
» qui est variable de sa nature, et il suffisait de le
» laisser dans le domaine de la loi. »

Il est temps, ajoutait-il, de mettre à profit la sage
circonspection des législateurs de 1804. « Il est re-
» connu que le taux excessif de l'argent attaque la
» propriété dans ses fondements, qu'il nuit à l'agri-
» culture, qu'il empêche le propriétaire de faire des
» améliorations utiles, qu'il corrompt les véritables
» sources de l'industrie ; que, par la pernicieuse fa-
» cilité de se procurer des gains considérables, il
» détourne les citoyens des professions utiles et mo-
» destes; enfin, qu'il tend à ruiner des familles en-
» tières et à y porter le désespoir. Le commerce lui-
» même est bien loin de réclamer une exception à
» ces principes, etc. » L'orateur, après avoir exposé
le tableau des maux qu'occasionne l'usure, rappelle

que la fixation d'intérêt est dans le domaine du législateur ; que l'expérience du passé commande cette fixation ; enfin, que les circonstances ne sauraient être plus favorables.

M. Jaubert demande que le taux de l'intérêt conventionnel ne puisse excéder 5 0|0 en matière civile, et 6 0|0 en matière de commerce ; mais, comme le débiteur qui se laisse poursuivre en justice doit payer au moins un intérêt égal à celui qu'il est permis de stipuler, la retenue n'aura plus lieu.

Le 3 septembre suivant, M. Goupil-Préfeln, portant la parole au nom du tribunal, conclut à l'adoption de la loi. Il pose cette question que nous avons précédemment examinée : s'il est nécessaire, ou du moins utile et bon, d'après l'expérience des maux que le projet de loi doit faire cesser, et pour rétablir sur ce point la morale publique, que la loi fixe le taux que l'intérêt conventionnel de l'argent ne pourra excéder. Ses conclusions sont conformes à celles de l'orateur du conseil d'État, et le jour même 3 septembre 1807, la loi est votée par le Corps législatif à une majorité de 226 voix contre 23. Voici le texte de cette loi : Loi du 3 septembre 1807 sur le taux de l'intérêt de l'argent :

1° L'intérêt conventionnel ne pourra excéder en matière civile 5 0|0, ni en matière de commerce 6 0|0, le tout sans retenue.

2° L'intérêt légal sera, en matière civile, de 5 0|0, et en matière de commerce, de 6 0|0, aussi sans retenue.

3° Lorsqu'il sera prouvé que le prêt conventionnel

a été fait à un taux excédant celui qui est fixé par l'art. 1er, le prêteur sera condamné, par le tribunal saisi de la contestation, à restituer cet excédant, s'il l'a reçu, ou à souffrir la réduction sur le principal de la créance, et pourra même être renvoyé, s'il y a lieu, devant le tribunal correctionnel pour y être jugé conformément à l'article suivant.

4° Tout individu qui sera prévenu de se livrer habituellement à l'usure sera traduit devant le tribunal correctionnel, et, en cas de conviction, condamné à une amende qui ne pourra excéder la moitié des capitaux qu'il aura prêtés à usure. S'il résulte de la procédure qu'il y a eu escroquerie de la part du prêteur, il sera condamné, outre l'amende ci-dessus, à un emprisonnement qui ne pourra excéder deux ans.

5° Il n'est rien innové aux stipulations d'intérêts par contrats ou autres actes faits jusqu'au jour de la publication de la présente loi.

La chute de l'empire et les désastres qu'entraîna à sa suite l'invasion de 1814 rendirent nécessaire la suspension momentanée de la loi de 1807. Le décret du 15 janvier 1814 laissa à toute personne commerçante ou non commerçante la liberté de déterminer la quotité de l'intérêt dans les prêts sur dépôts de marchandise. Un nouveau décret du 18 janvier suivant étendit les bornes posées au premier, en suspendant complétement les effets de la loi de 1807 ; le terme de la durée de ces deux décrets était fixé au 1er janvier 1815.

Parlerons-nous de la proposition faite en 1836 par

M. Lherbette, tendant à la suppression de toute loi de maximum en matière d'intérêts ? Combattue à cette époque par M. Dupin et rejetée par la Chambre, cette tentative a été renouvelée plusieurs fois depuis, notamment à l'occasion de la loi de 1850, et sans un meilleur succès.

Cependant l'usure continuait, surtout dans les campagnes. M. Félix de St-Priest proposa une loi dans le but d'aggraver la peine, et par suite de restreindre le nombre des usuriers. Ce projet souleva de vives discussions qui, entamées dès le mois de juin 1850, aboutirent, le 19 du mois de décembre de la même année, à nous donner la loi qui nous régit.

Le premier article du projet était ainsi conçu : « Toute stipulation qui, dans le prêt, a pour but » d'excéder le taux fixé par la loi, constitue le délit » d'usure, quelles que soient les combinaisons em- » ployées pour le déguiser. » C'était, comme on le voit, changer complétement la nature du délit puni par la loi de 1807. Sous l'empire de cette législation, le délit n'existait que par la réunion de plusieurs faits établissant l'habitude de l'usure. Il aurait donc suffi d'un acte isolé qualifié usuraire par les tribunaux pour entraîner une condamnation contre celui qui en aurait été l'auteur. La Chambre recula devant une semblable sévérité. A cette exception près, et sauf quelques modifications de détail peu importantes, le projet tout entier a passé dans la loi que nous allons citer.

Les articles 3 et 4 de la loi du 3 septembre 1807 sont modifiés ainsi qu'il suit :

Art. 1er. Lorsque, dans une instance civile ou commerciale, il sera prouvé que le prêt conventionnel a été fait à un taux supérieur à celui fixé par la loi, les perceptions excessives seront imputées de plein droit, aux époques où elles auront lieu, sur les intérêts légaux alors échus, et subsidiairement sur le capital de la créance. Si la créance est éteinte en capital et intérêts, le prêteur sera condamné à la restitution des sommes indûment perçues, avec intérêt du jour où elles auront été payées. Tout jugement civil ou commercial constatant un fait de cette nature sera transmis par le greffier au ministère public dans le délai d'un mois, sous peine d'une amende qui ne pourra être moindre de 16 fr. ni excéder 100 fr.

Art. 2. Le délit d'habitude d'usure sera puni d'une amende qui pourra s'élever à la moitié des capitaux prêtés à usure et d'un emprisonnement de six jours à six mois.

Art. 3. En cas de nouveau délit d'usure, le coupable sera condamné au maximum des peines prononcées par l'article précédent, et elles pourront être élevées jusqu'au double, sans préjudice des cas généraux de récidive prévus par les art. 57 et 58 du Code pénal. Après une première condamnation pour habitude d'usure, le nouveau délit résultera d'un fait postérieur, même unique, s'il s'est accompli dans les cinq ans à partir du jugement ou de l'arrêt de condamnation.

Art. 4. S'il y a eu escroquerie de la part du prêteur, il sera passible des peines prononcées par l'art. 405 du Code pénal, sauf l'amende, qui demeurera réglée par l'art. 2 de la présente loi.

Art. 5. Dans tous les cas et suivant la gravité des circonstances, les tribunaux pourront ordonner, aux frais du délinquant, l'affiche du jugement et son insertion par extrait dans un ou plusieurs journaux du département.

Art. 6. Ils pourront également appliquer, dans tous les cas, l'art. 463 du Code pénal.

Art. 7. L'amende prévue par le dernier paragraphe de l'art. 1er sera prononcée, à la requête du ministère public, par le tribunal civil.

Telles sont les dispositions législatives qui ont abrogé les art. 3 et 4 de la loi du 3 septembre 1807.

DU DÉLIT D'USURE SOUS LES LOIS DU 3 SEPTEMBRE 1807 ET DU 19 DÉCEMBRE 1850.

L'usure est le profit illicite que l'on retire de capitaux prêtés. Quand on stipule des intérêts supérieurs à ceux autorisés par la loi, il y a usure. Elle est défendue par la loi civile, qui donne une action à celui qui en est victime. Le fait d'usure est-il isolé? il n'y a pas délit; celui qui l'a commis est justiciable de l'opinion publique, et ceci n'a rien d'étrange, car on sait qu'il est de la nature de la législation pénale d'abandonner beaucoup d'actes immoraux à la répression de l'opinion publique elle-même. Mais, quand l'usure est pratiquée par le même prêteur à des intervalles assez rapprochés pour constituer l'habitude, l'usure alors est un délit puni par la loi pénale. Quelques orateurs de la Chambre de 1850 demandaient, au nom de la logique, et dans le but d'augmenter les rigueurs de la répression, que le fait isolé d'usure fût considéré comme un délit. Il est peu conséquent, disaient-ils, d'établir un délit au moyen d'une réunion de faits, lesquels ne sont pas coupables pris chacun en particulier. On a répondu : La loi ne les considère point comme innocents, puisqu'elle accorde contre eux une action civile ; mais la morale publique ne reçoit d'atteinte que de leur concours, quand ils se reproduisent fréquemment. C'est ainsi que le législateur de 1810 punit ceux qui fournissent habituellement logement, lieu de retraite ou de réunion aux malfaiteurs (art. 61 du Code pénal); c'est ainsi qu'il frappe ceux qui excitent, favorisent ou facilitent habituellement la débauche de la jeunesse au-dessous de l'âge de 21 ans (art. 334 du même Code).

Mais combien de faits d'usure faut-il constater pour établir l'habitude ? Sur ce point, les auteurs sont d'avis divers : ainsi, selon Legraverend, deux prêts à intérêt excessif, faits même à un seul individu, suffisent pour constituer l'habitude, et cette opinion s'appuie sur un arrêt de la Cour de cassation du 4 mars 1826. L'habitude résulte, pour Chardon, de la constatation de trois prêts usuraires, et d'au moins quatre selon Petit.

Cette divergence d'opinions va nous donner la solution que nous cherchons. Deux faits nous semblent insuffisants, parce que la répétition n'est pas l'habitude; mais les juges pourront trouver les éléments du délit dans trois faits, quatre peut-être, ou même davantage.

C'est une question d'appréciation abandonnée par le législateur à la prudence et à la sagacité des magistrats chargés d'appliquer la loi.

Les faits géminés, pour lesquels il y a lieu à poursuite correctionnelle, doivent-ils être compris dans les limites posées par l'article 638 du Code d'instruction criminelle? Suivant cet article, le délit est prescrit après trois ans écoulés sans actes de poursuite, à partir du jour même de son accomplissement; quand il existe des actes de poursuite, de la date du dernier acte court le délai des trois années; ce temps passé, le délit est prescrit. Or, en matière d'usure, le délit est complexe et résulte de l'habitude. Ce n'est pas chaque fait en particulier, mais l'habitude constitutive du délit qui se prescrira; d'où l'on conclut que, pour que l'habitude se prescrive, il est nécessaire qu'aucun prêt excédant le taux légal n'ait été fait pendant une période de trois années. Dans le cas contraire, tous les faits d'usure, remontant même à une date éloignée, peuvent être amassés comme éléments constitutifs du délit. Cette interprétation, sans laquelle les

rigueurs de la loi eussent été vaines, est unanime-
ment admise par la jurisprudence.

Mais quel est l'acte qui constitue l'usure, et dont
l'habitude forme le délit? Est-ce la convention de
prêter au-dessus du taux légal, que, du reste, elle soit
formelle ou palliée, verbale ou écrite? La perception
des intérêts usuraires suffit-elle, ou faut-il les deux
réunies? Il est certain que la perception, même excessive, n'est pas l'usure; si un prêt est fait pour dix
années, les prestations périodiques des intérêts, pendant ce laps de temps, n'établiront certes pas autant
de faits d'usure que de payements d'intérêts. Le fait
générateur est la convention, et, sans nul doute, un
billet contenant stipulation d'intérêts excessifs non
encore échus peut être attaqué comme usuraire. La
Cour de cassation l'a ainsi jugé le 8 mai 1829 : « At-
» tendu qu'en décidant que l'usure était consommée
» par la signature des emprunteurs au bas des billets
» par eux remis au demandeur, qui avait ainsi des
» titres à l'exécution desquels le débiteur ne pouvait
» se soustraire, l'arrêt attaqué n'a point fait une
» fausse application de la loi du 3 septembre 1807.»

Cependant la perception et la convention se lient
d'une façon intime, de telle sorte que la première est
la conséquence ou, pour mieux dire, l'exécution de
la seconde. Le fait coupable ne ressort pas seulement
de la stipulation; il renaît en quelque sorte chaque
jour, puisque chaque jour voit augmenter le chiffre
des intérêts, et qu'il est loisible au créancier de cesser

d'être en faute en rentrant dans les limites posées par
la loi. L'usure existe donc du moment de la stipulation jusqu'à celui du payement inclusivement; c'est
donc du jour du payement que la prescription com-
mencera de courir. S'il en était différemment, on
comprend combien d'usuriers demeureraient im-
punis. Supposons trois prêts faits le 1er janvier 1855,
chacun de dix années, au taux de 12 0|0. Il arriverait
que l'action publique serait éteinte le 2 janvier 1858,
si de nouveaux prêts n'avaient pas eu lieu, et les
prêteurs pourraient jouir avec sécurité des produits
de leurs usures, sans avoir à redouter autre chose
qu'une action civile qui réduirait leurs profits.
Plusieurs auteurs, parmi lesquels nous citerons
MM. Troplong et Chardon, enseignent cette doctrine,
admise aussi par la jurisprudence (1).

DE LA PÉNALITÉ.

Après avoir défini la nature du délit d'usure, examinons la sanction pénale édictée par le législateur,
dans le cas où le délit se trouve constaté. L'article 4
de la loi de 1807 prononce une amende contre l'u-
surier convaincu de s'être livré habituellement à

---

(1) Cass., 25 février 1826; Bordeaux, 8 août 1850; Cass., 17 mai
1851; Cass., 19 juillet 1851, etc.

l'usure. On a pensé qu'une peine pécuniaire serait le plus sûr moyen d'atteindre l'homme qui sacrifie sa considération à la satisfaction de sa coupable avarice. L'amende qui lui sera infligée pourra être de la moitié des capitaux prêtés. La loi a voulu saisir en quelque sorte les instruments de son délit et apporter ainsi de sérieuses entraves à l'exercice de sa misérable industrie. Sur ce point, l'article 2 de la loi de 1850 n'est que la confirmation de l'article 4 de la loi de 1807.

La loi fixe un maximum, qui est de la moitié des capitaux prêtés; mais elle ne parle pas de minimum; les magistrats pourront, selon les circonstances, abaisser le chiffre de l'amende jusqu'à un franc. Elle portera sur tous les capitaux dont le prêt aura servi de base au délit; conséquemment, autant de prêts usuraires, autant d'amendes pouvant s'élever à la moitié du capital prêté. Il pourra donc arriver qu'un individu soit convaincu d'avoir prêté dix fois des sommes de 20,000 francs, en stipulant des intérêts supérieurs au taux légal; il est possible que ces dix faits réunis servent d'éléments au délit, parce que le temps exigé pour la prescription ne se sera pas accompli entre deux prêts. Cet usurier sera condamné à payer une amende qui pourra s'élever au chiffre de 100,000 francs. On voit par là combien la répression de la loi est énergique.

La jurisprudence admet avec raison que des renouvellements successifs d'un même prêt peuvent constituer le délit d'usure (1). Mais, dans ce cas, quelle sera la fixation de l'amende? Sera-t-elle calculée sur le chiffre des capitaux des divers renouvellements qui sont assimilés à des prêts nouveaux, ou seulement sur la somme originairement prêtée? Bien que M. Dupin ait employé son talent et sa science à soutenir ce dernier système, nous n'hésitons pas à considérer ses conclusions comme peu logiques. Le principal argument de l'illustre procureur général consistait à dire que le but de la loi est de rendre le prêteur seulement passible de la perte du capital réellement prêté; nous répondrons qu'il doit souvent arriver qu'un même capital soit prêté successivement à des personnes différentes, et cependant on additionnera autant de fois ce capital, pour calculer l'amende, qu'il y aura de prêts différents. La loi, il est vrai, n'a pas parlé des renouvellements pour les assimiler au prêt; mais, si on les considère comme pouvant constituer le délit d'usure, on doit par cela même les faire entrer dans le calcul de l'amende, puisque la loi n'a pas établi de distinction. « Ce qui sert d'élément au délit doit servir » d'élément à la peine, » a dit avec raison la Cour de cassation. (2). Le prêteur pourra être entièrement ruiné par l'amende qui le frappera, puisqu'elle pourra

(1) En 1850, il a été dit positivement à la Chambre que le renouvellement plusieurs fois répété du titre usuraire peut constituer le délit d'usure.

(2) Cass., 31 mars 1837, qui confirme un arrêt de la Cour de Paris.

s'élever ainsi au double ou même au triple de son capital ; mais la loi est dure aux usuriers, et l'aggravation de peine portée en 1850 prouve que les législateurs ont trouvé la loi de 1807 encore trop douce (1).

La loi du 3 septembre 1807 ne contenait aucune disposition spéciale à la récidive ; l'article 3 de la loi du 10 décembre 1850 a comblé cette lacune. Cet article ne fut adopté par la Chambre qu'après une longue discussion ; certains membres prétendaient que, pour qu'il y eût récidive, il fallait depuis la première condamnation des éléments nouveaux, capables de constituer par eux-mêmes l'habitude, c'est-à-dire le délit d'usure défini par la loi de 1807. Dans le cas contraire, ce serait appuyer, en partie du moins, la seconde condamnation sur les faits anciens déjà punis une première fois, au lieu d'y puiser seulement une considération morale, propre à augmenter la sévérité du juge ; ce serait violer la maxime *non bis in idem*, et s'écarter du principe de la loi de 1807, en reconnaissant à un fait nouveau, mais isolé, le caractère du délit d'usure.

La commission chargée d'examiner le projet de loi de M. de Saint-Priest déclara que si cette opinion semblait plus conforme aux principes généraux du droit criminel, la proposition de M. de Saint-Priest répondait mieux aux nécessités d'une répression ef-

---

(1) Cette aggravation se trouve contenue dans l'article 2 de la nouvelle loi, qui prononce, en même temps que l'amende, un emprisonnement de 6 jours à 6 mois.

ficace en matière d'usure, à la pensée morale de la
loi de 1807, enfin à la juste réprobation qu'inspire
la coupable industrie de l'usure habituelle.

Les raisons qui ont déterminé l'assemblée à ne
pas ériger en général le fait isolé en délit d'usure,
comme le demandait M. de Saint-Priest, par exemple
la crainte d'ouvrir la porte à des recherches vexa-
toires et de nuire, par une sévérité excessive, à la
liberté des transactions, ces raisons ne pourraient
militer en faveur de l'homme déjà condamné et
flétri par la justice pour habitude d'usure.

Rien ne s'opposait à ce que, dans ce cas particulier, la loi attachât le caractère de délit au fait nouveau, quoique isolé, qui constate chez l'usurier d'habitude en état de rébellion contre la loi et la justice,
un endurcissement et une soif de gain illicite, indi-
gnes de toute indulgence.

Cependant on considéra qu'il serait d'une rigueur
outrée d'appliquer les peines de la récidive à un fait
qu'un long intervalle de temps pourrait séparer de
la première condamnation. Le délai réglé par les législateurs est celui que l'article 636 du Code d'instruction criminelle a fixé pour la prescription des
peines prononcées par les jugements et arrêts correctionnels, parce que, a fait observer le rapporteur,
le délit de fait isolé procède de ce que le condamné
se trouve sous l'influence d'un jugement qui ne se
prescrit que par cinq ans (1).

(1) Ce n'est pas une idée nouvelle en matière de récidive, disait

Ainsi donc, quand il y a eu condamnation pour délit d'usure, un seul fait nouveau d'usure, accompli dans les cinq années du jugement ou de l'arrêt, constitue le prêteur en récidive. Les juges devront le condamner au maximum de la peine portée dans l'art. 2, c'est-à-dire à une amende qui comprendra au moins la moitié des capitaux prêtés et à un emprisonnement de six mois.

Tel est le minimum fixé en cas de récidive; quant au maximum, il pourra atteindre, pour l'amende, tout le montant des sommes prêtées, et l'emprisonnement pourra être d'un an, sans préjudice, ajoute l'article 3, des cas généraux de récidive prévus par les articles 57 et 58 du Code pénal. Ceci veut dire que, si un individu a été précédemment condamné pour crime, ou a subi un emprisonnement de plus d'une année pour délit, s'il se rend coupable du délit d'usure, la peine pourra s'élever à une année d'emprisonnement, et l'amende pourra égaler le chiffre des capitaux prêtés. Le délai pendant lequel le délit d'usure devra se produire pour constituer le prêteur en récidive ne sera plus de cinq années; on retombe sous l'empire du droit commun.

Nous avons dit que la loi de 1807 ne frappait que d'une amende l'usurier convaincu; elle pré-

le rapporteur : on la trouve, pour les contraventions de police, dans l'article 603 du Code pénal du 3 brumaire an IV (25 octobre 1795), et dans l'article 483 du Code pénal actuel.

voyait cependant le cas où il y aurait eu escroquerie de la part du prêteur, et alors, outre l'amende, elle prononçait contre lui la peine de l'emprisonnement, qui ne pouvait excéder deux années. Une difficulté avait été soulevée, celle de savoir, pour juger s'il y avait escroquerie, s'il fallait s'en référer à l'art. 35 de la loi du 22 juillet 1791, sous l'empire de laquelle avait été faite la loi de 1807, ou s'il fallait se reporter à l'article 405 du Code de 1810. La jurisprudence décidait qu'on ne peut pas rechercher les éléments d'un délit dans une loi abrogée ; depuis la promulgation du nouveau Code pénal, elle se réglait sur son article 405. Cette question ne présente plus d'intérêt : l'article 4 de la loi de 1850 a tranché la difficulté. Dans le cas où un individu coupable du délit d'usure aura fait usage de faux noms ou de fausses qualités, ou quand il aura employé des manœuvres frauduleuses pour tromper son emprunteur, il sera condamné à un emprisonnement d'un an au moins et de cinq ans au plus ; en outre, à compter du jour où il aura subi sa peine, il pourra être interdit, pendant cinq ans au moins et dix ans au plus, des droits mentionnés dans l'article 42 du Code pénal. Quant à l'amende de 50 fr. à 3,000 fr. fixée par l'article 405, ce n'est pas elle que l'on devra prononcer ; il faudra se reporter, pour sa fixation, à l'article 2 de la loi de 1850.

Cette disposition de l'article 4 semble contenir une dérogation aux principes du droit commun ; l'article 365 du Code d'instruction criminelle dit, en effet, que, en cas de conviction de plusieurs crimes ou délits, la peine la plus forte sera seule prononcée. Ici il y a délit d'usure et d'escroquerie ; la peine du second semblerait devoir être seule appliquée. Il ne faut pourtant pas voir dans ce cas la violation de la règle de non-cumulation des peines ; quand l'escroquerie se joint à l'habitude de l'usure, le législateur a fait de ces deux délits réunis un délit spécial ; l'escroquerie accessoire ou délit d'usure n'est qu'une circonstance aggravante de ce délit. C'est ce qu'a décidé la jurisprudence constante de la Cour de cassation. Mais, en dehors de l'escroquerie, l'article 365 du Code d'instruction criminelle devra toujours être appliqué, et si l'individu convaincu de se livrer habituellement à l'usure s'est rendu coupable d'un crime ou d'un autre délit, il ne sera passible que de la peine la plus forte.

L'article 5 de la loi de 1850 permet aux juges d'ordonner, aux frais du délinquant, l'affiche du jugement et son insertion dans un ou plusieurs journaux du département.

Enfin l'article 6 autorise, dans tous les cas, les juges à appliquer l'article 463 du Code pénal. La discussion qui s'est engagée à la Chambre sur la rédaction de l'art. 3 peut faire mettre en doute que cette disposition concerne le cas de récidive. En effet, la première rédaction de cet article 3 portait : En cas de nouveau délit d'usure, le coupable *pourra* être condamné, etc. Or, on fit l'observation que ce mot *pourra* laissait aux juges une grande latitude d'appréciation, qui pourrait ouvrir la porte sinon à l'arbitraire, tout au moins à des condamnations très-différentes, selon les tribunaux. Le mot *pourra* fut remplacé par le mot *sera*, qui semble être impératif pour le juge, et contenir pour lui l'ordre d'appliquer au moins l'art. 2 dans toute sa rigueur. Néanmoins les termes généraux de l'article 6, et la position qu'occupe cet article dans la loi de 1850, ne sauraient permettre d'établir aucune distinction.

L'article 1er exige, dans le cas où un fait d'usure est constaté par un jugement d'un tribunal civil ou commercial, que le greffier transmette copie de ce jugement au ministère public dans le délai d'un mois, sous peine d'une amende de 16 fr. à 100 fr. Le projet ne parlait pas d'amende; on l'ajouta comme nécessaire pour assurer l'exécution de la loi. Cette amende est prononcée par le tribunal civil; c'est ce qui a donné lieu à la rédaction de l'article 7 proposé par M. Goyet-Dubignon. Pour qu'un tribunal civil ait le droit de prononcer une peine, il faut qu'il ait reçu une attribution spéciale de la loi; en un mot, il faut que la loi le dise (1). On fit également observer que l'article 6 n'était pas applicable au greffier.

Quant à la complicité, ni la loi de 1807, ni celle de 1850 ne s'en sont occupées; elles s'en réfèrent, par conséquent, aux règles ordinaires sur la matière.

(1) Observation de M. Chégaray.

DE L'ACTION CIVILE EN CAS D'USURE.

Le débiteur d'intérêts usuraires qui veut les faire réduire au taux légal doit s'adresser aux tribunaux civils. Mais comment établira-t-il l'usure, si l'acte de prêt n'en fixe pas le taux ? La jurisprudence avait admis que la preuve testimoniale ne pourrait être reçue; elle invoquait les articles 1907 et 1341. L'article 1907, disait-on, a exigé que toute convention d'intérêts, même inférieure à 150 fr., fût fixée par écrit; il a par conséquent défendu l'emploi de la preuve testimoniale. Nous avons vu quels motifs avaient guidé le législateur dans la rédaction de cet article; l'interpréter ainsi, c'était reconnaître à l'usure le droit d'impunité, et l'abrogation implicite de la loi de 1807 résultait de cette jurisprudence. Elle ne tarda pas à revenir à des idées plus conformes à l'esprit de la loi; aujourd'hui l'usure peut toujours être prouvée par témoins, et même par de simples présomptions.

L'article 1348 du Code Napoléon dit que la preuve testimoniale doit être appliquée aux obligations qui naissent des quasi-contrats, des délits ou des quasi-délits. L'usure ne saurait rentrer dans cette catégorie, car nous savons qu'un fait isolé ne constitue pas un délit (sauf le cas prévu par l'article 3 de la loi de 1850). Il faut donc chercher dans un autre texte le droit de poursuivre la recherche de l'usure en dehors de la preuve littérale, qui ne se rencontrera presque jamais. Il est de principe que le dol et la fraude peuvent être établis par témoins, et même par de simples présomptions. (Art. 1353 Code Napoléon.) Dans un prêt usuraire librement consenti entre personnes capables, le plus souvent il n'y aura pas fraude entre les contractants ; mais le principe de l'article 1353 doit être entendu d'une façon générale, et l'usure est toujours une fraude faite à une loi d'ordre public.

Quand l'usure est constatée, l'emprunteur est protégé par une double garantie : d'une part, il ne peut être contraint par le créancier à payer les intérêts qui excèdent le taux légal ; de l'autre, il a une action en répétition des intérêts indûment payés ; on comprend qu'il n'aura que cette dernière ressource, quand il aura payé capital et intérêts.

L'article 3 de la loi de 1807 porte que le prêteur sera condamné par le tribunal saisi de la contestation à restituer cet excédant, s'il l'a reçu, ou à souffrir la réduction sur le capital de la créance. Il ressort des termes mêmes de la loi que cette compensation n'avait pas lieu de plein droit, et les sommes indûment payées ne produisaient d'intérêts qu'à partir du jour de la demande. La jurisprudence, qui avait consacré cette opinion, faisait valoir un argument d'analogie tiré de l'article 1682 du Code civil ; de sorte qu'en réalité il y avait bénéfice pour le prêteur, et perte pour l'emprunteur. M. Chardon, frappé de cette inconséquence, professait que la compensation avait lieu de plein droit du jour même du payement, et qu'à partir de cette époque les intérêts de l'excédant couraient, quand il y avait lieu à restitution. Un arrêt de Montpellier du 20 décembre 1841 avait suivi cette opinion. La loi nouvelle décide, dans le sens de M. Chardon, que les intérêts seront dus de plein droit du jour de l'indû payement.

Dans quels délais l'emprunteur pourra-t-il intenter son action? Deux hypothèses se présentent : ou l'action aura pour but de faire réduire le taux des intérêts pour l'avenir, ou elle s'appliquera à la restitution des intérêts déjà payés. Dans le premier cas, il est bien évident que le débiteur aura toujours le droit de demander la diminution des intérêts. Quelque nombreuses qu'aient été les perceptions faites par le prêteur, il n'a pu acquérir par prescription le droit de réclamer des intérêts excessifs; la loi qui défend l'usure ne peut reconnaître un semblable moyen de l'établir. Dans le second cas, c'est-à-dire quand l'emprunteur forme une demande en restitution de l'excédant des intérêts qu'il a soldés, la prescription trentenaire seule lui sera utilement opposée; il pourra alors réclamer ce qu'il aura indûment payé pendant les trente dernières années (art. 2262). En vain voudrait-on soutenir que l'article 1304 limite le temps de la prescription à dix années; il ne s'agit pas ici d'une action en nullité ou en rescision de contrat. L'emprunteur, loin d'attaquer le contrat, s'en sert comme d'une preuve pour montrer qu'il a payé plus qu'il ne devait (1).

Il est bien entendu que la restitution ne comprendra que les sommes indûment payées et les intérêts de ces sommes pour les cinq dernières années seulement. On doit combiner l'article 1er de la loi de 1850 avec l'article 2277 du Code civil.

Il est de principe que la partie victime d'un délit du ressort de la police correctionnelle peut s'adresser directement au tribunal correctionnel pour obtenir réparation du préjudice causé. (Art. 64 du Code d'instruction criminelle.) Il en est autrement dans notre matière; nous savons qu'un fait isolé d'usure ne constitue pas un délit, et puisqu'il n'existe pas de délit, ce n'est pas le cas d'appliquer l'article 64 du Code d'instruction criminelle. La loi de 1807 le décidait implicitement ainsi, et, sans que la loi nouvelle se soit expliquée davantage, il résulte de la discussion qui s'est engagée à la Chambre que les législateurs n'ont pas permis à un débiteur de mauvaise foi de traîner sur les bancs des tribunaux correctionnels, et dans le seul but de gagner du temps, l'honnête homme qui lui aura prêté de l'argent au taux autorisé. Si, au lieu d'un fait isolé, le débiteur en articule un nombre tel, que, s'ils étaient prouvés, ils constitueraient pour le prêteur l'habitude de l'usure, il semble que le tribunal correctionnel doive être compétent. Nous admettrons cependant la négative comme résultant de l'esprit de la loi. Les mêmes

(1) M. Troplong, Du prêt à intérêt.

inconvénients qui existent pour un fait unique peuvent se rencontrer; il est possible qu'aucun de ces faits, ou que quelques-uns seulement, insuffisants à constituer le délit d'habitude d'usure, puissent être prouvés; alors il n'y a plus de délit, et par suite le tribunal correctionnel est incompétent. Nous donnons la même solution au cas de récidive.

Les perceptions qui résultent de conventions de prêts antérieures à la promulgation de la loi ne peuvent être qualifiées usuraires, si elles étaient précédemment légitimes, ni tomber sous son application en vertu du principe que la loi n'a pas d'effet rétroactif. Cette question ne saurait guère aujourd'hui se présenter dans la pratique, puisque la loi nouvelle a maintenu l'intérêt de l'argent au même taux que la loi de 1807.

Mais une convention de prêt faite en pays étranger, à un taux supérieur à celui qu'autorise notre législation, peut-elle recevoir la sanction des tribunaux français et être exécutée sur notre territoire? Nous admettons l'affirmative. Tout contrat étranger, conforme aux lois du pays où il a été passé, peut recevoir son exécution en France, d'après la règle *Locus regit actum*, s'il ne contient rien de contraire aux lois d'ordre public qui nous régissent. Il est vrai que la loi qui fixe le taux de l'argent en France est d'ordre public; mais le législateur lui-même a reconnu que cette fixation était variable suivant les temps et suivant les lieux, en tenant compte de l'abondance ou de la rareté du numéraire. Nos colonies ne sont pas soumises à la loi de 1807, et il serait étrange de voir un habitant de l'Algérie, par exemple, ne pouvant obtenir d'un tribunal français la reconnaissance d'un droit que lui attribue notre loi dans son pays. Ces principes ont été reconnus par la Cour de Bordeaux, le 26 janvier 1831.

DES MOYENS EMPLOYÉS POUR CACHER L'USURE EN MATIÈRE CIVILE.

La loi du 3 septembre 1807 a fixé, dans son article 1er, le maximum du taux de l'intérêt conventionnel à 5 0/0 en matière civile, et à 6 0/0 en matière de commerce, le tout sans retenue. Expliquons le sens de ces derniers mots. Un édit du 20 juin 1725 avait frappé une imposition du vingtième sur les arrérages des rentes et sur les intérêts des capitaux. Le créancier devait supporter cet impôt; mais il était prélevé sur le débiteur, qui devait en retenir le montant sur les intérêts ou arrérages qu'il payait à son créancier.

Toute stipulation d'intérêts, qu'elle soit formelle ou palliée, doit rester dans les limites fixées par le législateur, sous peine d'être déclarée usuraire. Cette règle, si simple dans son énoncé, présente cependant des difficultés sérieuses quand il s'agit de l'appliquer. L'astuce et l'habileté des contrevenants ont mis tout en usage pour l'éluder, et souvent il faudra, dans la pratique, un grand discernement pour dégager l'usure des voiles qui la cachent; Nous allons signaler les circonstances qui servent ordinairement à la masquer.

Une clause pénale, stipulée en cas de non-payement à l'échéance, n'est valable que dans la mesure du taux fixé par la loi. Nous avons vu Justinien prohiber toute convention contraire dans la loi 15, C. 4, 32. La jurisprudence et quelques auteurs admettent des exceptions à cette règle, quand la clause pénale a été convenue en vue d'une perte considérable qui vient à se réaliser au détriment du prêteur. On peut citer comme exemple le cas où il se trouve déchu de l'exercice d'un droit de réméré parce que l'emprunteur ne l'aura pas remboursé à l'échéance. Tel n'est pas notre avis : quel que soit le dommage qui résulte du retard dans l'exécution du payement d'une certaine somme, la loi n'accorde jamais que l'intérêt légal (1). L'article 1153 est formel ; la clause pénale dont nous venons de parler doit donc être considérée comme usuraire. Il n'y a d'exceptions qu'en faveur du commerce et du cautionnement. La Cour de Rouen a décidé avec raison qu'une caution pouvait stipuler des intérêts supérieurs au taux légal, dans une affaire où la somme qu'elle avait déposée était une rente sur l'État dont elle s'interdi-

(1) Cette doctrine est professée par M. Duvergier, t. X, § 285, qui cite à l'appui l'opinion de Pothier ; mais elle compte de nombreux adversaires, MM. Duranton, Toullier, Troplong et toute la jurisprudence.

sait la négociation, renonçant ainsi à profiter de la hausse des effets publics et à réaliser un bénéfice assuré (Rouen, 4 décembre 1827); elle a fait une saine application de l'article 2028 du Code Napoléon, en autorisant la caution à percevoir un supplément d'intérêts à titre de dédommagement.

L'article 1846 contient une exception semblable en matière de société.

Un immeuble pouvait être donné en antichrèse en droit romain, et, quelle que fût la différence entre son produit et l'intérêt légal de l'argent prêté, le contrat était licite, *propter incertum fructuum proventum*, dit la loi 17, C. 4, 32. On ne saurait admettre aujourd'hui une semblable décision. Sans doute, si le produit moyen de l'immeuble représente approximativement l'intérêt légal du prêt, la convention devra être respectée; mais, si le produit moyen est manifestement d'une valeur supérieure à l'intérêt légal, le contrat est usuraire, et la compensation ne pourra avoir lieu que dans la limite de cet intérêt (1).

Quant à la rente constituée, le Code l'a en quelque sorte assimilée au prêt, puisque les dispositions qui la concernent se trouvent placées sous cette rubrique: *Du prêt à intérêt.* On doit décider que la loi de 1807 lui est applicable. Tel est, du reste, l'avis de la jurisprudence et des auteurs, à l'exception de

(1) Montpellier, 21 novembre 1820; Toulouse, 28 mai 1819; Bastia, 9 janvier 1839.

M. Favart de Langlade, qui voudrait établir une différence, parce que, dans la rente constituée, il y a
aliénation du capital, et que le produit de la rente
porte le nom d'arrérages, tandis que la loi ne parle
que des intérêts. On réfute cette opinion en montrant
que, dans la rente, le nom seul est changé, et que les
arrérages ne sont que de véritables intérêts.

Mais, quand une rente aura été stipulée en grains ou
en denrées, faudra-t-il la réduire au taux de l'intérêt
légal, en fixant la quotité des denrées d'après le taux
des mercuriales ? Ce système est généralement admis
par les auteurs, et cette estimation au moyen des
mercuriales est le seul procédé à suivre quand une
rente a été constituée au taux de 5 ou 6 0/0 payable
en denrées. Mais, quand elle a été constituée sans
fixation de taux, il y a là un certain *alea* que les
juges doivent prendre en considération. Nous pensons
que, dans ce cas, la réduction de la rente ne peut
avoir lieu qu'autant qu'il apparaît que les parties ont
voulu déguiser une usure. Telle est la règle suivie par
la jurisprudence (1).

Les procédés des usuriers ont peu varié depuis
bien des siècles; aujourd'hui encore, la vente à
réméré, le contrat pignoratif, le mohatra et cette
opération connue sous le nom des trois contrats, servent à dissimuler l'usure. Nous nous dispenserons
d'analyser ces divers moyens, que nous avons précédemment exposés.

(1) Cass. 26 août 1846.

Les annales judiciaires signalent des stratagèmes curieux employés par les prêteurs pour tromper l'œil vigilant de la loi. Tantôt la convention de prêt est accessoire à un contrat d'échange : le prêteur se précautionne de petites pièces de terre qu'il échange très-avantageusement avec ceux qui lui demandent de l'argent ; le capital à rembourser prend le nom de soulte d'échange ; on convient de tels intérêts ou arrérages accessoires que l'on veut, et c'est de cette façon que peut s'exercer une usure de plus de 80 0/0 par an (1). Tantôt un usurier, non content d'avoir écrasé son malheureux débiteur sous le poids de l'usure la plus lourde, exige de lui une donation, et l'acte vient exalter les bons et loyaux services, la générosité et le désintéressement de cet impitoyable créancier (2).

Si le prêteur reçoit de son emprunteur des présents ou des dons, faudra-t-il décider qu'ils sont usuraires ? Si ces donations ont eu lieu comme conditions accessoires du prêt, elles doivent être annulées, le donateur n'ayant pas la liberté nécessaire à la perfection du contrat. Mais nous ne saurions établir en principe que toute donation faite par un débiteur à son créancier dût être usuraire et cacher une fraude. On ne saurait voir dans ce cas une présomption *juris et de jure*, puisque la loi n'en parle pas ; l'attention des magistrats devra seulement être

(1) Colmar, 25 mars 1825.
(2) Bordeaux, 17 septembre 1827.

fixée attentivement sur la nature réelle de l'acte, et leur décision dépendra des circonstances.

La cession de créance présente, en général, un caractère aléatoire qui légitime des profits souvent considérables; dans ce cas, les conventions des parties échappent à la critique des investigateurs de l'usure; mais, si le cédant garantit la créance qu'il cède, il est impossible de comprendre que cette opération soit autre chose qu'un prêt à intérêt (1).

Le prêt de denrées doit-il être soumis à la loi de 1807? Nous avons vu que la législation romaine n'avait pas réglementé le taux des prêts de denrées jusqu'à Constantin, qui défendit tout intérêt supérieur à 50 0/0, et Justinien, qui le réduisit à 12 1/3 p. 0/0 par an. Les variations excessives du prix des denrées étaient le motif que l'on donnait de cette exception à la règle; ce même motif existe encore aujourd'hui. Il est aussi une autre considération qui a son importance dans la matière : si le législateur a cru devoir limiter le taux de l'intérêt des sommes d'argent, c'est qu'il a voulu prémunir l'emprunteur contre sa propre faiblesse et le sauvegarder contre l'avidité de ceux qui spéculent pour s'enrichir sur la détresse d'autrui. Or, dans le prêt de denrées, des spéculations de cette nature ne sauraient se produire sur une vaste échelle, et les besoins qui poussent à contracter un emprunt de denrées sont en général assez limités pour que l'on n'ait pas à redouter un

---

(1) C'est ce qu'a décidé la Cour d'Agen, le 28 janvier 1821.

fâcheux entraînement de la part de l'emprunteur.
Tantôt ce sera un père de famille qui demandera des
grains pour nourrir lui et les siens pendant la dure
saison ; tantôt un cultivateur ira chez son voisin
chercher la semence que réclame son champ. Nous
n'ignorons pas que parfois le taux de ces prêts est
excessif et dépasse cent pour cent. Mais nous observerons que l'emprunteur réduira presque toujours sa
demande au strict nécessaire, et chacun sait que le
prêt des petites sommes à un intérêt même très-élevé
est bien moins lourd que celui de capitaux considérables fait dans les limites de la loi. La question
ainsi examinée au point de vue pratique, voyons la
solution donnée par le législateur.

L'article 1905 du Code Napoléon parle du prêt
de denrées en même temps que du prêt de sommes
d'argent, pour dire qu'il est permis d'y joindre des
intérêts. Si dans ce chapitre, dont la rubrique porte :
Du prêt à intérêt, on avait établi la limitation du
taux de l'intérêt conventionnel, on pourrait soutenir avec raison que cet article devrait comprendre et les prêts d'argent et les prêts de denrées.
Cette fixation du taux a été établie par la loi du
3 septembre 1807 ; c'est une loi spéciale, qui se
trouve, il est vrai, intimement liée aux dispositions
sur le prêt à intérêt ; mais elle n'a point été faite
pour être intercalée dans ce chapitre, par exemple
après l'article 1907. Puisque cette loi seule règle le
taux de l'intérêt, c'est donc elle seule que nous devons examiner. Son intitulé : *Loi sur le taux de l'in-*

térêt de l'argent, semblerait devoir suffire pour résoudre la question. Mais l'on peut objecter que le titre d'une loi n'est point, comme ses divers articles, l'objet d'un vote spécial; alors l'argument tiré du titre même n'est pas suffisamment probant. A notre avis pourtant, ceci doit établir une grave présomption, surtout si l'on remarque que l'intitulé d'une loi est l'œuvre des membres qui ont concouru à sa confection. Mais si l'on ajoute que, tant dans le projet que dans la discussion à laquelle elle a donné lieu, il n'a jamais été question que de l'intérêt des sommes d'argent, il devient dès lors évident que, dans l'esprit des législateurs, la loi de 1807 n'a pas eu pour but de régler le taux du prêt de denrées. L'article qui le concerne est l'article 1907 du Code Napoléon, qui autrement n'aurait aucune signification. Cette interprétation est admise par la jurisprudence et par la plupart des auteurs (1). Néanmoins, si le prêt de sommes d'argent se cache sous un prêt de denrées, la mission des juges est de rechercher s'il y a usure. C'est ce qui pourra arriver dans le cas où un prêteur aura livré des grains à son emprunteur pour que celui-ci les revende.

D'après ce que nous venons de dire, on voit que l'usure se glisse partout; tous les contrats ont été mis en œuvre pour la déguiser; mais on sait que l'on doit s'attacher, pour déterminer la nature des contrats, non pas à la dénomination qu'ils ont reçue

(1) En ce sens, MM. Troplong, Garnier, Favart, Petit et Dalloz.

des parties, mais à la nature même des conventions. La seule règle à suivre pour atteindre l'usure consiste à examiner avec soin si, sous des apparences licites, ne se cache pas une convention d'intérêts supérieurs au taux légal.

DE L'USURE DANS LES TRANSACTIONS COMMERCIALES.

La loi de 1807 a autorisé le prêt au taux de 6 0[0 en matière de commerce. Il s'agit de déterminer quand le prêt est commercial ; sous ce rapport, la loi est muette. Nul doute, quand il est fait par un commerçant à un autre commerçant. On comprend facilement le motif qui a guidé le législateur à élever le taux de l'intérêt jusqu'à 6 0[0 en matière commerciale : qui ne sait que les profits que donnent les fonds livrés au commerce sont bien supérieurs à ceux que recueille un emprunteur non commerçant ? D'un autre côté, les chances de perte sont bien plus nombreuses pour le prêteur, quand son emprunteur s'adonne au négoce. Il était juste que le législateur cherchât à compenser ces risques par un gain plus élevé. Les fonds prêtés à un commerçant par un simple particulier peuvent l'être à 6 0[0 par les considérations que nous venons de présenter ; du reste, la loi n'ayant pas défini ce qu'il faut entendre par prêt en matière commerciale, Pothier nous apprend que l'ancienne jurisprudence comprenait sous le nom

de *prêt de commerce* le prêt fait par un particulier à un négociant. Mais que décider quand le prêt fait à un particulier émane d'un marchand? M. Troplong n'hésite pas à décider que, dans ce cas, le prêt est commercial; voici son argumentation : Comment se dis-
» tinguent ici les matières civiles des matières de
» commerce ? D'abord un premier point est certain :
» c'est que, toutes les fois qu'un négociant retire des
» fonds de son commerce pour les prêter même à un
» non négociant, l'intérêt peut être fixé à 6 0|0.
» L'argent de ce commerçant est censé lui rapporter
» 6 0|0 dans les opérations commerciales auxquelles
» il peut se livrer; car, pour répéter ici les paroles
» de Scaccia, *plùs valet pecunia mercatoris quàm*
» *pecunia non mercatoris.* Il est donc juste qu'alors
» même que c'est un particulier qui lui emprunte,
» ses fonds lui produisent 6 0|0 : il est censé faire
» une opération de commerce (1). » Cette affirmation de M. Troplong, quelle que soit, du reste, l'autorité qui s'attache à son nom, nous semble insuffisante; car il est loisible au négociant de prêter ou de ne pas le faire; avant tout, il doit se conformer à la loi. Les raisons que nous avons exposées plus haut pour justifier l'élévation du taux de l'intérêt à 6 0|0 ne se rencontrent pas ici, à moins que le prêt fait par le négociant ne se lie intimement aux actes de son commerce, ou, pour parler plus exactement, à moins que le prêt ne soit un acte de commerce, comme

(1) M. Troplong, Du prêt à intérêt, n° 302.

lorsqu'un commissionnaire fait des avances à un particulier sur les récoltes que ce dernier lui a confiées pour être vendues (1).

D'après ces principes, on doit reconnaître qu'un banquier peut légalement prêter à 6 0|0 même à un particulier ; l'argent, en effet, est l'objet de son négoce, et tout prêt fait par lui est une opération commerciale (2).

Les banquiers font diverses opérations dont les profits ressemblent à l'intérêt, mais auxquels la jurisprudence et la plupart des auteurs accordent des droits plus étendus qu'au prêt à intérêt. Nous voulons parler de l'escompte, du change et de la commission ; sous ces noms se cachent souvent des opérations usuraires, qu'il est du devoir des juges de rechercher. Notre tâche consistera à examiner si ces usages sont licites et s'ils peuvent concorder avec la loi de 1807.

L'escompte est une opération qui consiste à céder une valeur qui n'est pas encore exigible pour de l'argent comptant, sous la déduction d'une somme qui se calcule sur la perte du papier contre l'argent et les délais à courir jusqu'à l'échéance. Ainsi, l'un achète une créance pour la négocier, l'autre achète une somme d'argent présente pour une somme non échue. L'analogie qui existe entre le prêt et l'escompte est si grande, qu'il nous semble bien difficile de les

(1) C'est ce qu'a décidé un arrêt de la Cour de cassation du 3 janvier 1859, qui confirme un arrêt de la Cour de Caen du 20 juin 1857.
(2) Cass., 11 mars 1856.

distinguer. Le banquier devient propriétaire de l'effet au même titre que s'il eût acheté tout autre meuble; « il ne peut le faire circuler que pour la » valeur que l'opinion commerciale attribue à ce » papier : il faut donc qu'il l'achète, sous peine de » perdre, à cette même valeur. Eh bien! l'escompte » n'est que la différence entre la valeur nominale » et la valeur réelle. » Telle est la théorie présentée par M. Troplong. Avant d'examiner le fond de cette argumentation, voyons les différences pratiques; elles sont sensibles. Tandis que le prêt à intérêt est renfermé dans les limites rigoureuses tracées par la loi de 1807, l'escompte jouit d'une liberté presque entière, c'est-à-dire qu'il suit les variations du marché et ne reçoit de règle que des usages commerciaux. Examinons donc l'escompte, et voyons s'il existe un élément nouveau qui justifie cette perception extra-légale. Supposons un tiers porteur d'un billet à terme dont il veut réaliser immédiatement la valeur; il le cède à un banquier, avec sa garantie contenue au dos du billet et celle des souscripteurs et endosseurs (article 140 du Code de commerce); il en reçoit le montant dont on déduit d'abord l'intérêt légal du jour de l'escompte au jour marqué pour l'échéance, et, en outre, une somme représentant les risques du banquier et la perte du papier contre l'argent. D'un autre côté, le prêteur donne de l'argent au taux autorisé par la loi, et il reçoit une reconnaissance de l'emprunteur. Où donc est la différence? Parlera-t-on des risques de l'escompteur? Mais ils

sont bien moindres que ceux du prêteur, puisqu'il a
pour garantie tous les signataires de l'effet escompté.
Quant à la perte du papier contre l'argent, pourquoi
n'existerait-elle pas pour le billet souscrit par l'emprunteur ? Faut-il rappeler la distinction que Turgot
établissait judicieusement entre la promesse d'une
somme et la possession de cette somme même ?
Enfin il nous semble que la différence ne gît guère
que dans les mots : un particulier prête de l'argent,
un banquier achète une créance ; si les deux opérations sont les mêmes, pourquoi élargir les prescrip-
tions de la loi ? pourquoi reconnaître comme licite
une perception usuraire que rien ne justifie ? S'il se
trouvait, en dehors de la numération des espèces,
quelque service appréciable de la part du banquier,
une rétribution serait équitable, car il est évident
que l'on doit rémunérer le travail et les dangers
d'une profession indispensable au commerce. Mais
si l'escompte se différencie du prêt à intérêt en
quelques points, comme nous devons le reconnaître,
le résultat est absolument le même. Il en est autrement dans les conventions dont nous allons parler ;
aux éléments habituels de l'intérêt, nous trouverons
joints accessoirement des éléments nouveaux qui
peuvent justifier une augmentation du loyer de l'argent (1).

---

(1) La jurisprudence tout entière admet comme licite la perception d'intérêts en dehors du taux légal, quand les effets sont négo-
ciés par des tiers ; mais quand ils sont présentés à l'escompte par
le souscripteur lui-même, comment peut-on arriver à concevoir

Le change ne doit pas être confondu avec l'intérêt ;
c'est le payement d'un billet dans un lieu autre que
celui où il est exigible. Scaccia le définit « *emptio-*
» *venditio pecuniæ absentis pecuniæ præsenti,* » la
vente d'une somme présente pour une somme absente.
Contrairement à ce qui se pratique pour le prêt, le
titre négocié, c'est-à-dire la lettre de change, ne reste
pas aux mains du prêteur ; elle circule comme valeur commerciale, et ce n'est pas le banquier qui l'a
reçue qui en exige le payement à l'échéance. Le
change, avons-nous dit précédemment, n'existe
que quand il y a une remise de place en place. Le
prix que perçoit le banquier représente d'une part
les frais et les risques du transport de l'argent d'une
place à une autre, d'autre part les peines et soins
qu'il a pris. C'est suffisamment indiquer la différence
entre le change et l'intérêt. Elle était admise par les
jurisconsultes et la jurisprudence sous l'ancien régime, comme nous l'avons dit plus haut; aujourd'hui
la loi de 1807 ne lui est pas applicable, et le prix du
change est réglé par les usages commerciaux.

Les banquiers prélèvent aussi certain droit consacré par ces mêmes usages sous le nom de droit de
commission. Il tire son principe du mandat salarié
et représente le prix des démarches et des soins du
banquier. Encore faut-il, pour que l'indemnité soit

une différence entre cette opération et le prêt à intérêt ? Aussi,
malgré l'avis de quelques auteurs, des arrêts ont déclaré, dans ce
cas, que l'escompte ne servait qu'à déguiser des prêts usuraires.
(Cass., 19 février 1830 et 4 août 1820.)

légitime, qu'elle soit la rémunération de services
rentrant dans ses attributions. Toute convention supérieure à 6 0/0, basée sur des démarches faites en
dehors de la banque, sera considérée comme usuraire (1). Le droit de commission doit être fixé entre
les parties. Des négociations et des recouvrements
de papier faits pour un tiers permettront d'exiger
un droit de commission. Le droit de change et celui de
commission ne sauraient être cumulés par le banquier ; car il n'a droit à la commission qu'autant
qu'il agit comme intermédiaire, c'est-à-dire comme
mandataire ; du moment où il escompte avec ses
propres deniers et perçoit le droit de change, il n'a
plus droit à la commission, puisqu'il n'est plus un
intermédiaire. Un arrêt de la Cour de cassation a
établi avec raison que la commission ne peut légitimement résulter d'un simple règlement de compte
et du report du reliquat à un compte nouveau ; il
faut qu'il y ait décaissement réel : « Considérant, dit
» cet arrêt, que le droit de commission ne peut
» jamais être un moyen de se procurer un intérêt
» plus élevé que celui qui a été fixé par la loi, mais
» qu'il doit se borner à la rémunération des démar-
» ches et des soins du banquier qui procure des
» fonds à celui avec lequel il traite ; que la com-
» mission ne peut être perçue qu'une seule fois pour
» les décaissements réels, etc. (2). »

(1) Cass., 14 mai 1852.
(2) Cass., 8 décembre 1854.

L'usage commercial, appuyé sur la jurisprudence, a admis une dérogation à l'article 1154 du Code civil : Un banquier qui ouvre un crédit à un négociant peut stipuler un droit de commission en dehors du taux légal ; il peut, en outre, convenir que les intérêts seront capitalisés à chaque règlement sémestriel (1).

On comprend, quand il y a ouverture de crédit, qu'on ajoute un droit de commission, comme compensation de la nécessité où se trouve le banquier d'avoir toujours des fonds disponibles pour satisfaire les demandes du crédité ; dans ce cas, il remplit encore le rôle de mandataire ; mais comment expliquer juridiquement cette capitalisation d'intérêts ?

Dans les comptes courants, on admettait également la capitalisation des intérêts à tous les règlements, qui se renouvelaient plusieurs fois dans une année. L'anatocisme pouvait atteindre ainsi des proportions effrayantes ; sa seule excuse était l'habitude qu'ont les négociants de se rendre compte de leur situation, et que ces règlements établissaient une balance égale entre les droits de tous, puisque les sommes portées au débit et au crédit de chaque partie produisaient des intérêts capitalisés à chaque balance périodique de compte. Il n'était même pas nécessaire que le compte fût accepté. Un arrêt de cassation, à la date du 4 mai 1850, rendu sur les conclusions de M. Nicias Gaillard, a décidé que « les intérêts prove-

---

(1) Cass., 14 août 1843.

» nant des comptes, courants entre négociants ne
» peuvent être capitalisés à des intervalles de temps
» moindres d'une année, à moins que le compte ne
» soit arrêté et réglé à chaque période pour la capi-
» talisation; et les capitalisations trimestrielles con-
» venues entre les parties ne peuvent se prolonger
» au delà de l'époque où les comptes courants ont
» cessé d'être fournis et arrêtés tous les trois mois,
» nonobstant la continuation du crédit qui a donné
» lieu à ces comptes courants. » Cette jurisprudence,
tout en autorisant l'anatocisme, y pose une limite (1).
MM. Delamarre et Lepoitvin sont d'avis que, quelque grande que soit la faveur due aux transactions
commerciales, et notammeut au compte courant, on
ne saurait permettre de s'en servir pour pratiquer
l'usure; les usages et les libertés des transactions s'opposent à ce qu'il soit fait une application rigoureuse
de l'art. 1154, auquel le commerce peut déroger
(art. 1153). Mais faut-il au moins reconnaître que cet
article est une loi d'ordre public, de laquelle on ne
devra s'écarter que lorsqu'il sera impossible de faire
différemment; le commerce doit donc se conformer
à l'esprit de la loi du 3 septembre 1807 et de l'art. 1154
du Code Napoléon, autant que le permet la nature
des choses. « L'usage adopté par plusieurs commer-

(1) Sur cette question la jurisprudence et les auteurs sont très-di-
visés; deux arrêts de Liége, l'un du 24 avril 1834 et l'autre du 30 juin
1841, défendent la capitalisation des intérêts faite tous les six mois
ou à plus courtes échéances, et ne la permettent qu'à la fin de
l'année.

» çants de capitaliser les intérêts tous les six mois,
» par quelques-uns même tous les trois mois, est
» une pratique manifestement usuraire, un abus
» criant, que les tribunaux devraient réprimer. Cet
» abus entraîne la ruine d'un grand nombre de petits
» marchands, qui, ayant presque toujours besoin
» d'avances et ne pouvant presque jamais les com-
» penser par des remises, mais seulement par de
» nouvelles obligations, se trouvent rapidement en-
» traînés dans l'abîme (1). »

Si nous recherchons les motifs qui ont fait au banquier cette position exceptionnelle en lui accordant les droits de change, de commission et même d'escompte (sans bonnes raisons, selon nous), nous voyons que le banquier est l'auxiliaire obligé du commerce, et, comme tel, digne de la protection de la loi ; il est juste qu'il retire, outre l'intérêt légal, un profit proportionné aux risques qu'il court, aux frais liés à sa profession, patente, employés, frais de bureau de toutes sortes, et enfin qu'il reçoive la juste rémunération de ses labeurs. Cette faveur dont il jouit, la doit-il à la loi ? elle ne s'est pas occupée de lui ; la jurisprudence et l'usage ont comblé cette lacune. Mais il ne faut pas croire que les taux d'escompte, de change et de commission soient abandonnés à l'arbitraire de ses caprices ; il n'en est rien, et on devra considérer comme entaché d'usure tout

(1) MM. Delamarre et Lepoitvin, Contrat de commission, t. II, p. 876. En ce sens, Cass., 10 déc. 1827; Bourges, 18 déc. 1839.

ce que le banquier exigera au delà des tolérances de la loi et des usages du commerce. C'est ainsi qu'un banquier ne peut exiger, pour le droit appelé passe de sacs, un prix supérieur à celui fixé par le décret du 1er juillet 1809, c'est-à-dire 15 centimes par sac (1).

Un banquier qui prête de l'argent ne peut demander d'intérêts supérieurs au taux légal, à moins qu'il n'ait agi comme intermédiaire, ainsi que nous l'avons dit plus haut ; si le billet était souscrit à son ordre, payable à son domicile ou à celui de l'emprunteur, on devra décider que le banquier n'a droit qu'à un intérêt de 6 0/0. On ne saurait admettre davantage cette coutume, qui consiste à prélever au moment du prêt, sur les sommes prêtées, le montant des intérêts ; cette façon d'opérer est usuraire (2). En effet, supposons qu'un emprunteur demandant 1,000 fr. pour un an, le banquier lui compte 940 francs ; les 60 francs que celui-ci retient sur le capital représentent bien l'intérêt légal d'une année. Mais l'emprunteur n'aura reçu que 940 francs, qui, placés à 6 0/0, donnent 56 francs 40 centimes d'intérêt ; et encore faudrait-il ajouter l'intérêt, pendant une année, des 60 francs prélevés, qui ne demeurent pas improductifs entre les mains du banquier ; en sorte que ce dernier aura fait, en réalité, un bénéfice

---

(1) Cass., 14 mai 1852. Un décret, à la date du 17 novembre 1852, a abaissé le droit de passe de sacs à 10 centimes.

(2) Cette pratique porte le nom d'*escompte en dedans*.

d'au moins 7 francs. Ces petites extorsions, souvent répétées, finissent par produire de gros profits, que l'on ne saurait tolérer, puisqu'ils sont faits en violation de la loi.

Pour compléter cet exposé des moyens à l'usage des prêteurs pour faire produire à leur argent des intérêts supérieurs à ceux qu'autorise la loi, nous dirons un mot d'une opération de bourse devenue fréquente, et connue sous le nom de report; voici en quoi elle consiste : un capitaliste achète 1,000 francs de rente 3 0/0 à 60 francs; il débourse par conséquent un capital de 20,000 francs. Puis il revend immédiatement sa rente à 60 francs 50 centimes, payables fin du mois, ce qui lui donne un profit de 100 francs, qui représentent l'intérêt de son capital pendant un mois. Comme il ne s'est pas dessaisi du titre de la rente, il ne court aucun risque pour son capital ; la seule perte qu'il puisse éprouver se borne aux intérêts, si le débiteur est insolvable. On peut voir ainsi combien ce mode de placement est facile et sûr. Mais, au fond de tout ceci, il n'y a qu'un prêt sur nantissement ; alors il ne doit pas être permis d'exiger au delà de l'intérêt légal, et toute convention contraire sera considérée comme entachée d'usure. C'est là le report sérieux et honnête. On comprend sous le même nom une autre opération qui porte uniquement sur les différences de quinzaine ou de fin de mois entre les cours des valeurs sur lesquelles on spécule. Il ne faut voir dans cette combinaison qu'un pur jeu sur la hausse ou la baisse des effets publics; son examen ne rentre pas dans le cadre que nous nous sommes tracé.

DE L'ANATOCISME ET DE QUELQUES EXCEPTIONS A L'ARTICLE 1ᵉʳ DE LA LOI DE 1807.

Nous avons vu que l'anatocisme, toléré pendant les premiers siècles de Rome, avait été interdit sous les dernières années de la République. Cette prohibition ne fut pas levée sous les empereurs, et nous la trouvons confirmée par la loi 28, C. 4, 32. Sous l'influence du droit canonique, qui défendait tout prêt à intérêt, il était naturel que l'anatocisme fût prohibé. Quelques ordonnances s'en expliquent formellement, notamment celles de 1311 et de 1673; l'anatocisme était proscrit même dans les conventions commerciales. Le droit intermédiaire ne s'en occupa pas; une disposition du Code Napoléon l'ayant réglementé, son examen fait partie de notre sujet.

L'article 1154 porte : « Les intérêts échus des ca- » pitaux peuvent produire des intérêts ou par une » demande judiciaire ou par une convention spé- » ciale, pourvu que, soit dans la demande, soit dans » la convention, il s'agisse d'intérêts dus au moins » pour une année entière. » Quel est le sens de cet article? Nous voyons d'abord que le législateur de

1804, plus tolérant que ses devanciers, a admis l'anatocisme comme licite ; mais à quelles conditions ? Il faut : 1° que les intérêts soient échus ; ainsi un prêteur ne pourrait convenir avec son emprunteur que les intérêts s'ajouteraient chaque année au capital pour produire de nouveaux intérêts. Notre texte, en effet, met sur la même ligne la demande judiciaire et la convention ; chacune d'elles doit produire un effet identique : or la demande en justice ne peut s'appliquer qu'à des intérêts échus ; la convention qui interviendrait en même temps que la constitution de prêt ne porterait que sur des intérêts à échoir.

2° Que les intérêts échus, pour se réunir au capital, soient dus au moins pour une année. Que faut-il entendre par là ? La loi exige que les intérêts que l'on veut capitaliser soient le produit du capital pendant une année entière. Il est vrai qu'il est loisible à un capitaliste de prêter ses fonds pour un temps plus court qu'une année, pour six mois, même pour quelques jours ; sa liberté, dans ce cas, n'est pas entravée. A l'échéance, il peut proroger le premier délai ; mais, s'il ajoute au capital les intérêts échus, il est du devoir des juges de briser cette nouvelle convention comme contraire à la loi et entachée d'usure. Le débiteur est défendu, en quelque sorte à son insu, contre l'avidité de ses créanciers et contre sa propre insouciance. Il importe à l'État de sauvegarder les fortunes des citoyens ; l'anatocisme eût consommé la ruine complète de beaucoup d'emprunteurs imprudents, qui ne s'inquiètent de l'accroissement du chiffre

de leurs dettes qu'au moment où des voies rigoureuses d'exécution viennent leur apprendre qu'ils
n'ont plus rien. L'anatocisme, exercé pour des intérêts payables à courtes échéances, peut couvrir une
usure sanglante ; car à l'intérêt légal vient se joindre,
à chaque renouvellement, l'intérêt des intérêts (1).

L'article 1155 contient les exceptions à la règle ;
les revenus échus, tels que fermages, loyers, arrérages de rentes perpétuelles ou viagères, produi-
sent intérêt du jour de la demande ou de la convention. On comprend qu'ici les dangers ne sont plus
les mêmes pour le débiteur ; ce n'est pas à un spé-
culateur qu'il aura affaire. Il est, du reste, équitable
d'accorder les intérêts, dans ces divers cas, au père
de famille, à l'homme d'ordre qui, réglant ses dépenses sur ses revenus, a dû compter sur le payement
à l'échéance ; les intérêts sont donc pour lui une
juste compensation de la gêne momentanée qu'il
éprouve. Une autre exception s'applique au débiteur
de mauvaise foi condamné à restituer les fruits qu'il
a indûment perçus ; c'est en quelque sorte la peine
de sa mauvaise foi. Enfin notre article prévoit le

_____

(1) On a calculé qu'un écu de 6 fr. prêté à condition qu'on ren-
drait 7 fr. au bout de la semaine, si on le laisse aux mêmes conditions pendant un an, en accumulant le capital et les intérêts, aura
rapporté, au bout de la cinquante-deuxième semaine, la somme de
15,975 fr. 03 c. Que l'on juge par là des dangers de l'anatocisme !
Amusements philologiques, ou Variétés en tous genres, par G.-P. Phi-
lomneste (Peignot). Si, au lieu de l'intérêt énorme du sixième par
semaine, on opère de la même façon au taux légal, on obtient, à la
fin de l'année, environ 1,500 fr. d'intérêt.

cas où un tiers, faisant les affaires d'un débiteur, a payé des intérêts à son acquit. Il n'y a plus, à proprement parler, anatocisme, car, par rapport au tiers, l'argent qu'il a déboursé, et dont il peut demander les intérêts, forme un capital. Son droit a été formellement reconnu par les articles 1375 et 2001 du Code Napoléon. Enfin il est quelques contrats dans lesquels la loi a permis d'excéder le taux de l'intérêt légal, à raison de leur caractère aléatoire ; ce sont : la rente viagère (article 1976 du Code Na_léon), le contrat à la grosse (art. 311 du Code de co_ _erce), et le contrat d'assurance (art. 332 du même C__.

La loi du 3 septembre 1807, n'ayant pas été promulguée dans nos colonies, n'y est pas applicable ; on y pratique le prêt à intérêt en pleine liberté.

Un décret du 4 novembre 1848, qui avait fixé en Algérie l'intérêt de l'argent à 10 0/0, a été abrogé par un nouveau décret à la date du 10 juin 1850 : en sorte que, sous le rapport du prêt à intérêt, l'Algérie est régie comme nos autres colonies. Si l'on se rappelle les considérations qui furent présentées, en 1807, devant le Corps législatif, on trouvera la justification du régime exceptionnel fait à nos colonies. Toute loi fixant le taux de l'intérêt, disait-on, doit varier selon les temps et selon les lieux. En France, les capitaux abondent ; il est naturel que le taux de l'intérêt soit peu élevé ; mais, dans nos colonies, il n'en est pas ainsi, et l'on est forcé de solliciter la convoitise des prêteurs par l'appât de gains énormes, pour que leurs capitaux viennent alimenter les marchés. En outre, le prix de la terre est faible et ses produits considérables (1). Il arrive fréquemment que, dans ces contrées, on place son argent à 10 et même jusqu'à 20 0/0 avec des garanties sûres, telles qu'une première hypothèque portant sur un immeuble d'une valeur dix fois supérieure au capital prêté. Mais les profits sont si grands, que ces conditions semblent peu onéreuses aux emprunteurs.

Nous signalerons quelques dérogations pratiques faites à la loi de 1807 tant par l'État que par des sociétés particulières ; pourtant, si la loi doit être respectée et scrupuleusement observée, c'est surtout par l'État considéré comme personne morale. Nous regrettons d'avoir à signaler de sa part de fréquents écarts : pour les divers emprunts qu'il a contractés, l'État a toujours présenté aux capitalistes un intérêt supérieur au taux légal, et, dans les moments de crise commerciale, la Banque de France a été autorisée à prêter et à élever son escompte sans limitation de taux (2).

(1) Le prix de la terre, tant en Algérie que dans nos autres colonies, représente à peu près deux fois et demie le revenu annuel.

(2) Loi du 9 juin 1857, portant prorogation du privilège de la Banque de France.

Art. 8. La Banque de France pourra, si les circonstances l'exigent, élever au-dessus de 6 0/0 le taux de ses escomptes et l'intérêt de ses avances.

Les bénéfices qui seront résultés pour la Banque de l'exercice de cette faculté seront déduits des sommes annuellement partageables entre les actionnaires et ajoutés au fonds social.

En vertu de cette loi, l'escompte s'élevait à 6 1/2 p. 0/0 le 13 octobre 1857 ; le 20 du même mois, à 7 1/2 ; le 11 novembre, à 8, 9 et 10 0/0, selon que l'échéance des effets atteignait 30, 60 ou 90 jours.

Les monts-de-piété, qui ne peuvent s'ouvrir qu'avec l'autorisation du gouvernement, et qui sont l'objet d'une surveillance vigilante et minutieuse, exercent le prêt à intérêt au-dessus du taux légal. Enfin, certaines grandes compagnies (notamment celles des chemins de fer), qui ne s'organisent et ne fonctionnent que sous le haut patronage du gouvernement, émettent des obligations à 275 fr., qui rapportent 15 fr. d'intérêt annuel, et sont remboursables à 500 fr.

Sans prétendre justifier ces violations de la loi, nous allons chercher à les expliquer. Il est certaines époques de perturbations profondes dans la vie des peuples ; les idées, les habitudes, les mœurs mêmes se trouvent changées. Après la découverte de l'Amérique, l'Espagne fut atteinte d'une crise dont elle se ressent encore. La masse du numéraire introduit sur ses marchés fut telle, que le rapport des valeurs varia subitement ; les fortunes privées, dont la somme compose la fortune de l'État, se trouvèrent complétement bouleversées ; la rente du denier 10 tomba au denier 20. Les autres États de l'Europe ressentirent moins vivement ce changement, qui ne se produisit chez eux que graduellement.

Il existe en France un phénomène à peu près analogue : depuis 60 années, la richesse territoriale a changé de mains ; la propriété s'est morcelée, et le cultivateur l'a acquise du prix de ses épargnes et de ses labeurs ; à côté d'elle, s'est élevée une rivale redoutable, qui, en quelques années, s'est tellement accrue, que l'on peut dire aujourd'hui qu'elle compte au moins pour moitié dans la fortune publique.

Nous voulons parler de la richesse mobilière ; développée et fécondée par le prêt à intérêt, elle a dû sa grande extension aux découvertes modernes, qui ont stimulé l'esprit mercantile des populations. Une nouvelle quantité de numéraire, provenant des mines aurifères de la Californie et de l'Australie, est venue couvrir les marchés et faciliter encore l'essor industriel et commercial. Les entreprises colossales des compagnies ont utilisé une partie de ces capitaux ; par contre-coup, la valeur vénale de la terre a augmenté dans une proportion considérable ; son produit, malgré la voie de perfectionnement dans laquelle est entrée l'agriculture, n'a pas suivi la même progression ; le rapport qui existait, en 1807, entre le produit de l'argent et celui de la terre n'existe plus, et l'équilibre se trouve rompu.

Les capitaux qu'emploie l'agriculture ne donnent que 5 0|0, et encore celui qui les met en œuvre doit-il être souvent en perte (1). Le prêteur, dans ce cas, immobilise son capital pendant un long temps ; ses intérêts lui sont parfois très-irrégulièrement servis, et quand arrive l'époque du remboursement, il est obligé de subir les lenteurs de la saisie immobilière, si son débiteur n'a pas les fonds pour acquitter sa dette. Le créancier, il est vrai, peut exiger des garanties qui mettent son capital à l'abri de tout danger ; mais, en revanche, il est soumis aux formes

(1) Le propriétaire qui emprunte avec hypothèque sur sa terre paye, en dehors de l'intérêt à 5 0|0, déjà très-lourd, des frais d'acte notarié, les droits que perçoit l'enregistrement, les frais d'inscription et de renouvellement.

rigoureuses de l'inscription de l'hypothèque et de son renouvellement. Le capitaliste qui livre ses fonds au commerce trouve, dans les diverses actions des sociétés, la réalisation de grands bénéfices ; s'il ne veut pas subir les chances diverses attachées à toute entreprise commerciale, les obligations du commerce lui procurent un placement commode à 6 0/0. Pour les valeurs cotées à la Bourse, il trouve cet avantage immense, qu'il peut les réaliser à peu près quand il le veut.

L'Etat et les grandes compagnies, quand ils ont eu besoin d'argent, ont dû faire concurrence au commerce, et comme leurs demandes étaient très-considérables, ils ont attiré à eux les capitaux en offrant de gros profits aux emprunteurs. Il n'est pas douteux qu'en agissant de la sorte ils aient violé la loi de 1807 (1). Les placements hypothécaires ne peuvent plus prétendre rivaliser avec les valeurs industrielles ; les risques que couraient les fonds livrés au commerce n'existent plus, quand c'est l'Etat ou les chemins de fer qui empruntent. L'argent afflue vers la Bourse, et l'agriculture se trouve impuissante, par pénurie des capitaux indispensables à sa fécondation (2). Toutefois, il faut l'espérer, l'équilibre se rétablira ; ces grandes entreprises, qui absorbent

(1) Cette violation ne doit s'entendre qu'au point de vue économique, puisqu'il faut qu'une loi autorise l'Etat à contracter un emprunt.

(2) Ajoutons que l'abaissement des barrières opposées à l'importation et à l'exportation vient encore d'apporter momentanément une nouvelle cause de malaise à tant d'autres.

presque en totalité la fortune mobilière, auront un terme, et le temps rétablira des rapports plus exacts entre les valeurs.

De nombreuses motions, fréquemment présentées à la Chambre des députés, réclament une révision de la loi de 1807 (1). Ces graves questions seront sans doute de nouveau agitées : qu'en résultera-t-il? Nous ne pouvons que former des vœux pour qu'une loi faite pour tous et plus conforme aux besoins présents fasse cesser ces anomalies, et, tout en réprimant sévèrement les excès coupables des usuriers, rétablisse un cours normal qui assure en même temps la prospérité du commerce et celle de l'agriculture.

(1) M. Kœnigswarter vient dernièrement encore de demander l'abrogation de cette loi. Il appuyait sa proposition sur la théorie des économistes dont nous avons parlé plus haut, et surtout sur la situation exceptionnelle faite aux monts-de-piété et à la Banque de France (que l'on a justement nommée le thermomètre du crédit).

« J'interpelle formellement le gouvernement, a dit l'orateur, sur » la question de savoir s'il s'est occupé ou va s'occuper bientôt de » cette question excessivement grave, car il existe en France deux » poids et deux mesures d'un caractère tellement extraordinaire et » effroyable, que c'est à ne pas y croire; c'est-à-dire que deux éta- » blissements officiels ont seuls le droit de dépasser le taux de » 6 0[0 : l'un, c'est la Banque de France, à qui son argent ne coûte » rien, et qui peut prendre 8 et 10 0[0; l'autre, c'est le mont-de- » piété, qui peut prendre et prend aujourd'hui, je le tiens du direc- » teur du mont-de-piété même, 9 1[2 p. 0[0. »

Nous ne savons si, à une interpellation aussi directe, Son Excellence M. le ministre de l'intérieur a donné des explications; c'est en vain que nous avons cherché sa réponse. (*Moniteur* du 6 juin 1861.)

POSITIONS.

DROIT ROMAIN.

I. Le taux de l'intérêt avait été primitivement fixé à Rome par la loi des Douze Tables.

II. L'*unciarium fœnus*, à l'époque de cette législation, représentait un taux de 8 1/3 p. 0/0 par an.

III. Un créancier pouvait légitimement jouir d'une maison donnée en antichrèse pour lui tenir lieu d'intérêts, quelle que fût sa valeur locative.

IV. La loi 40, *in fine*, D. 12, 1, ne contient pas une infraction à la règle posée par la loi 17, D. 22, 1.

V. Les lois au Digeste, 22, 1, 32, § 4, et D. 18, 45, 2, s'expliquent par les principes de l'obligation corréale.

DROIT FRANÇAIS.

I. Le taux de l'intérêt dans les prêts de denrées est illimité.

II. On ne peut convenir, en prêtant son capital, que les intérêts échus chaque année seront capitalisés pour produire eux-mêmes des intérêts.

III. L'emprunteur, victime d'un fait usuraire, ne peut s'adresser à un tribunal correctionnel pour obtenir réparation du préjudice qu'il a souffert.

IV. L'article 1er de la loi du 3 septembre 1807 ne peut, en matière civile, recevoir d'extension hors des cas spécialement prévus par la loi.

V. Toute rente constituée en perpétuel est régie par l'article 1er de la loi de 1807.

VI. L'escompte ne peut autoriser une convention d'intérêts supérieurs au taux légal.

VII. Quand un prêteur prélève au moment du prêt l'intérêt de la somme prêtée, cette perception est usuraire.

VIII. Le banquier peut légalement prêter à 6 0/0; il fait un acte de commerce.

DROIT PÉNAL.

I. Les renouvellements successifs d'un même prêt peuvent servir à constituer à eux seuls le délit d'usure.

II. L'escroquerie jointe au délit d'usure forme un

délit spécial ; le principe de l'article 365 du Code
d'instruction criminelle n'est pas violé.

III. La loi de 1850 ne peut être appliquée à des
perceptions usuraires faites postérieurement à cette
loi, en vertu de conventions antérieures.

Vu par le Président de l'acte, ABEL PERVINQUIÈRE.

Vu par le Doyen, H. GRELLAUD.

Vu par le Recteur, L. JUSTE.

Les visas exigés par les règlements sont une garantie des principes et des opinions
relatives à la religion, à l'ordre public et aux bonnes mœurs (statut du 9 avril 1825,
art. 41), mais non des opinions purement juridiques, dont la responsabilité est laissée
au candidat.

Le candidat répondra en outre aux questions qui lui seront faites sur les autres
matières de l'enseignement.

POITIERS.— IMP. DE A. DUPRÉ.

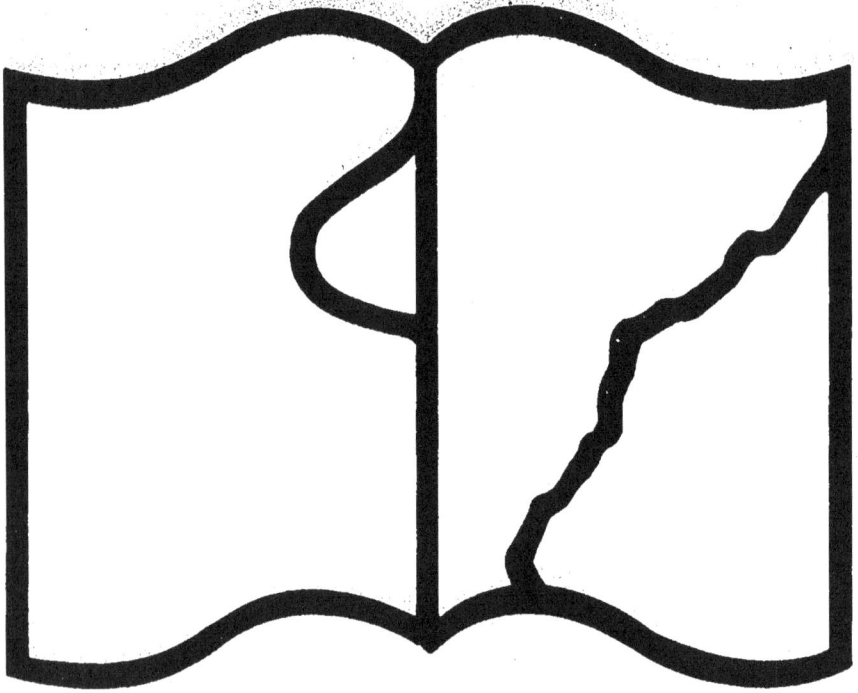

Texte détérioré — reliure défectueuse

NF Z 43-120-11

www.ingramcontent.com/pod-product-compliance
Lightning Source LLC
Chambersburg PA
CBHW060538210326
41519CB00014B/3263